四特 教育系列丛书 SITE JIAOYUXILIECONGSHU

学生创造素质教育

《"四特"教育系列丛书》编委会 编著

吉林出版集团股份有限公司
全国百佳图书出版单位

图书在版编目 (CIP) 数据

　　学生创造素质教育／《"四特"教育系列丛书》编委会
编著 . —长春：吉林出版集团股份有限公司，2012.4
　　（"四特"教育系列丛书／庄文中等主编 . 学生素质教
育与培养）
　　ISBN 978-7-5463-8744-4

　　I . ①学… Ⅱ . ①四… Ⅲ . ①中小学生－创造教育
Ⅳ . ① G632.0

　　中国版本图书馆 CIP 数据核字（2012）第 043961 号

学生创造素质教育

XUESHENG CHUANGZAO SUZHI JIAOYU

出 版 人	吴　强
责任编辑	朱子玉　杨　帆
开　　本	690mm×960mm　1/16
字　　数	250 千字
印　　张	13
版　　次	2012 年 4 月第 1 版
印　　次	2023 年 2 月第 3 次印刷

出　　版	吉林出版集团股份有限公司
发　　行	吉林音像出版社有限责任公司
地　　址	长春市南关区福祉大路 5788 号
电　　话	0431-81629667
印　　刷	三河市燕春印务有限公司

ISBN 978-7-5463-8744-4　　　　　　定价：39.80 元

前　言

　　学校教育是个人一生中所受教育最重要的组成部分,个人在学校里接受计划性的指导,系统地学习文化知识、社会规范、道德准则和价值观念。学校教育从某种意义上讲,决定着个人社会化的水平和性质,是个体社会化的重要基地。知识经济时代要求社会尊师重教,学校教育越来越受重视,在社会中起到举足轻重的作用。

　　"四特教育系列丛书"以"特定对象、特别对待、特殊方法、特例分析"为宗旨,立足学校教育与管理,理论结合实践,集多位教育界专家、学者以及一线校长、老师们的教育成果与经验于一体,围绕困扰学校、领导、教师、学生的教育难题,集思广益,多方借鉴,力求全面彻底解决。

　　本辑为"四特教育系列丛书"之《学生素质教育与培养》。

　　实施素质教育是我国现代化建设事业的需要。它体现了基础教育的性质、宗旨与任务。提倡素质教育,有利于遏制当前基础教育中存在着的"应试教育"和片面追求升学率的倾向,有助于把全面发展教育落到实处。从教育面向现代化、面向世界和面向未来的要求看,素质教育势在必行。这是我们基础教育时代的主题和任务。

　　学校教育的核心工作是培养全面发展的社会主义建设者和接班人,而学生则是未来的主要建设者和接班人,直接关系到整个社会的前途和命运。中小学生正处于青少年时期,其心理生理发展具有不成熟、可塑性强的特点,他们在面对错综复杂的社会时能否全面认识理性分析问题不仅是部分人的问题而是一个社会问题。当代青少年面临更多的机遇和史无前例的挑战,只有树立科学的价值观,才能全面正确地认识自己、他人和社会,才能在认识和改造世界的过程中取得成功。

　　本辑共20分册,具体内容如下:

　　1.《学生身体素质教育》

　　根据中小学生参与体育状况调查发现,学生身体素质呈现持续下降的趋势。针对学生身体素质下降的状况,必须要让体育课落到实处,且要加强开展学校课外体育活动的力度,充分调动广大学生参与课外体育活动,从而提高学生的身体素质,使学生的身心得到健康发展。同时,探寻学校学生身体素质下降的根源,从而提高他们的身体素质。

　　2.《学生心理素质教育》

　　本书的各位作者拥有多年从事心理健康教育和研究的经验,为此,我们运用心理学的基本原理,从同学们的需要出发,编写了本书,它主要包含上面提到的自我、人际、学习、生涯等几个方面的内容。希望同学们能通过本书的学习,掌握完成这些任务的战略与技巧，为你们的长远和可持续发展提供力所能及的帮助。

3.《学生观念素质教育》

不同的人对同一事物产生不同的看法，本来是很正常的事情，但如果不同学生的观念差异太大，甚至"针锋相对"，就不能不让人琢磨一下。本书就学生的观念素质教育问题进行了系统而深入的分析和探讨，并提出了解决这一问题的新思路、可供实际操作的新方案，内容翔实，个案丰富，对中小学生、教师及家长均有启发意义。本书体例科学，内容生动活泼，语言简洁明快，针对性强，具有很强的系统性、实用性、实践性和指导性。

4.《学生道德素质教育》

道德素质是人的重要内涵，它决定着人的尊严、价值和成就。良好道德素质的培养，关键在青少年时期。为培养学生形成良好的行为习惯，提高道德素质，只有建立学校、家庭、社会三结合的"立体化"教育网络，才能最有效地促进学生道德行为的养成，全面提高青少年的素质，促进青少年的健康成长。

5.《学生形象素质教育》

我们自尊我们自信，我们尊敬师长，我们自强我们自爱，我们文明健康。青春就是一次又一次的尝试。身处在这个未知的世界，点滴的前进，都是全新的体验，它点亮中学生心中的那片雪海星辰。新时代的中学生用稚嫩的双手创造一个又一个生命的篇章。让我们用学识素养打造强而有力的翅膀，让我们用青春和梦想做誓言，让我们用崭新的形象面向世界。

6.《学生智力素质教育》

教学中学生正是通过语言符号和非语言符号，学习知识、技能，在吸取人类智力成果过程中，使自己的智力得到锻炼和发展。指导学生智力发展应贯串于教学过程的始终。备课、钻研教材、上课、答疑、辅导、组织考试、批改试卷和作业都应当分析学生思维的过程，考虑发展思维的教学措施。

7.《学生美育素质教育》

美育是培养学生全面发展的教育方针的重要组成部分。美育又称审美教育或美感教育，是培养学生正确的审美观点以及感受美、鉴赏美和创造美的能力的教育。美育是实施其他各育的需要，美育是全面发展教育的重要组成部分，它渗透在全面发展教育的各个方面，对学生身心健康和谐地发展有促进作用。

8.《学生科学素质教育》

教育应面向全体国民，以提高国民素质、提高学生科学素养为目标，为学生的终身发展打下基础。本书以培养小学生科学素养为宗旨并依据新课程标准编写。学生通过本书的学习，能知道与身边常见事物有关的浅显的科学知识，了解科学探究的过程和基本方法，保持和发展对周围世界的好奇心和求知欲，逐渐养成科学的行为习惯和生活习惯，形成敢于创新的科学态度，培养爱科学、爱家乡、爱祖国的情感。

9. 《学生创造素质教育》

创造才能是各种能力的集中和最有价值的表现，人类社会文明都是创造出来的，所以只有具备创造才能的人，才是最有用的人才。一切发达国家都非常重视青少年创造才能的培养。培养创造才能要从教育抓起，要从小做起。

10. 《学生成功素质教育》

本书旨在让学生认识到成功素质教育的重要性。成功素质教育的目的和意义在于：激发学生对于成功的欲望和追求；让学生了解成功素养的内涵和相关解释；通过开展积极有效的成功素质教育，激发学生潜能；让学生自发主动地参与成功素质的行为，由被动转为主动。

11. 《学生爱国素质教育》

祖国是哺育我们的母亲，是生命的摇篮，我们应该因为自己是一个中国人而感到骄傲。学校要坚持抓好学生的爱国主义教育，使他们从小热爱祖国。"祖国"一词对小学生来说，比较抽象，因此，他们对学生进行爱国主义教育，注意从大处着眼，小处着手，引导学生从身边具体的事做起。

12. 《学生集体素质教育》

一个国家如果没有团结稳定的局面是不可能繁荣兴盛的；一个集体如果没有精诚合作的精神是不可能获得发展的；一个班级如果集体观念淡薄是不可能有提高进步的；一个人如果不加强培养集体意识，他是不可能被社会所接纳的。集体意识的培养对每个学生来讲是至关重要的。学生只有在校园就开始提高自己的集体协作意识，才能在将来的工作中游刃有余，才能让自己的前途得到更好的发展。

13. 《学生人道素质教育》

人道主义精神与青年成长的关系非常密切，既关系思想意识上的完善，又关系知识面的拓展。为进一步切实加强青少年的思想道德建设，建议教育部制定切合实际的教育纲要，将人道主义教育纳入中小学生课程。本书从人道主义精神的培养入手，规范未成年人的行为习惯，使他们真正成为合格的接班人。

14. 《学生公德素质教育》

社会公德作为人类社会生活中最起码、最简单的行为准则，是和广大人民群众的切身利益密切相关的，是适应社会和人的需要而产生的。它对人们的社会生活具有特殊且广泛的社会作用。每个社会成员都应该自觉遵守社会公德。社会公德是衡量一个国家全民素质水准的重要标志，抓紧对青少年进行社会公德教育，既是推动社会进步的奠基工程，也是社会主义精神文明建设的一项战略任务。

15. 《学生信念素质教育》

加强公民道德建设，在全社会树立中国特色社会主义的共同理想和信念，加快构建传承中华传统美德、符合社会主义精神文明要求、适应社会主义市场经济的道德和行为规范。未成年人是祖国未来的建设者，加强和改进未成年人思想道德建设尤其重要。理想信念教育是培养公民素质的本质要求，把学生培养成为热爱社会主义祖国,具有社会公德、文明行为习惯的遵纪守法的公民是我国德育工作的主要任务。在德育体系中,理想信念教育处于核心地位,是德育研究的重中之重。

16.《学生劳动素质教育》

劳动素质教育是向学生传授现代生产劳动的基础知识和基本生产技能,培养学生正确的劳动观点,养成良好的劳动习惯的教育。本书旨在培养学生正确的劳动观点和良好的劳动习惯,使学生掌握初步的生产劳动知识和技能。

17.《学生纪律素质教育》

依法治国已成为我国治国的方略。我们正在建设社会主义法治国家,纪律法制在社会生活中的作用越来越重要,因此进行纪律法制教育也就十分必要了,对青少年学生尤其如此。青少年时期正好是一个人世界观、人生观、价值观的形成时期,在此时加强纪律法制教育,有利于帮助他们掌握应有的纪律法制知识,增强纪律法制意识,提高自觉遵守纪律法制的自觉性,养成良好的遵纪守法习惯。

18.《学生民主法制素质教育》

在推进依法治国,建设社会主义法治国家的进程中,加强对青少年的法制教育,促进青少年的健康成长,我们负有不可推卸的历史责任。为此,本书对当前青少年犯罪的现状、特点、成因进行了调查,对如何进一步加强青少年法制教育和预防青少年犯罪的方法作了一些探索,具有很强的系统性、实用性、实践性和指导性。

19.《学生文明素质教育》

礼仪是一种修养,一种气质,一种文明,一种亲和力,它是人际交往的通行证。青少年是祖国的希望,是 21 世纪国家建设的主力军。培养他们理解、宽容、谦让、诚实的待人处事和庄重大方、热情友好、礼貌待人的文明行为举止,是当前基础教育和学校德育工作的重点之一。将主题宣传教育活动、文明礼仪知识普及活动、日常行为规范教育活动紧密结合起来,培养学生文明行为举止,抓实抓细,必定卓然有效。

20.《学生人生观素质教育》

当代的中学生是跨世纪建设有中国特色社会主义的主力军,他们的人生观如何,关系到他们的本质是否能够得到全面提高,关系到我国社会主义大业的兴衰。因此,学校必须加强对中学生进行人生观教育。在校学生是我国社会生活中被寄予厚望的最重要的群体,他们的人生观变化是社会变化的晴雨表。人生观不仅影响他们个人的一生,而且对国家的前途、命运产生相当大的影响。因此,学校必须加强对中学生进行人生观教育。

由于时间、经验的关系,本书在编写等方面,必定存在不足和错误之处,衷心希望各界读者、一线教师及教育界人士批评指正。

编者

目　录

第一章

学生创造素质教育与升级的理论指导

1. 培养创造力是素质教育的核心

素质教育的核心之一就是要培养学生的创造力，要培养创造力首先就是要培养学生的思维能力。著名教育家苏霍姆林斯基曾经说过："真正的学校乃是一个积极思考的王国。"可见，有效地利用多种途径和方法来启发学生的思维，促进学生智慧的真正发展，是目前构成课堂教学技巧的重要组成部分。

创造力启发教学的原则与要求

启发式教学，作为一种教学指导思想和总的教学方法，启发式教学并不是立竿见影，一用就能产生很大的效果的。由于许多教师没有真正领会启发式教学的实质，或者对启发式教学方法与技巧运用不当或运用不纯熟，在教学过程中会经常出现"启而不发"的现象。造成这种现象的原因，一是可能学生本身的学习积极性不高，不能主动地参与教学过程，对教师的启发引导反应迟缓。二是可能教师的问题缺乏启发性，所提的问题太抽象，太庞大，或者跳跃太大，缺乏循序渐进，致使学生的思维跟不上。为此，在课堂教学中运用启发式教学时，应考虑遵循以下原则：

（1）关键性原则

课堂上进行启发式教学，教师要启在关键上，启在要害上。这就要教师分清主次，学会抓主要矛盾。一堂课是由几个环节组成的，而每一个环节也必然有一个主要矛盾，教师在抓住一堂课的主要矛盾的同时，还要善于抓住课堂教学中每个环节的主要矛盾，找出各个环节不同的关键和要害，一个个"启"、一层层"发"，环环紧扣，发散思维和收敛思维形式相结合，列举法、设问法、类比法、组合法、信息交合法等等思维方法相配合，这样才会使启发式教学的方法与技巧发挥应有的作用。

（2） 及时性原则

进行启发式教学，要像知时节的春雨，当需要时即发生，也就是说启发要及时。通过必要的设疑、铺垫及一系列的启发、诱导，把学生引入"心求通而未通，口欲言而未能"的境界。这时候，学生注意力高度集中，思维高度紧张而活跃。这时，教师如抓住本质、在要害处稍加点拨，启发的效果就会很明显。要尽量避免超前启发和滞后启发。

（3） 实效性原则

设计启发式教学时，要充分了解教学对象的年龄特征，身心发展规律，已有知识水平，接受能力，以及性格爱好等。做到讲求实际、讲求实效、启而有发、问而有答、因人而异、因材施教。在这里要注意两点：一是要利用正迁移规律。即作为启发的知识材料应选用大多数学生所掌握的，感知过的，同时又能在记忆中得到再现的，在此基础上进行有针对性的启发，一定会启而有发，问而有答。二是鉴于每个学生的知识基础，理解能力，接受能力以及性格、爱好不同，对不同学生，要注意运用不同的问题和方法，做到有的放矢，因人而异，不能用一个模式对待所有的学生。

（4） 双向性原则

双向性原则是指在教学中发扬民主，创造良好的信息交流的课堂氛围，做到在愉快、和谐的情境中进行多种形式的启发。我们都知道，在英语教学过程中，教师是主导，学生为主体。但教师的"导"是为了引导学生正确的思维，而不是代替学生走路。教师要充分唤起学生主体意识的觉醒，使他们知道自己是学习的主人。要讲求教学民主，讲求双向交流，真正做到启而有发，问而有答，使启发式教学发挥它应有的功能。否则，师生心理相悖，课堂气氛压抑，必然会影响学生的情绪，不利于启发式教学的进行。要做到这一点光靠教师在课堂上的努力还不够，还要靠教师平时与学生建立起来的和谐的师生关系。

（5）引导性原则

启发的目的在于启动学生的思维，为此应引导学生动脑，使他们通过思维来主动地理解知识，接受知识。为此我们应朝以下三个方面去引导：

首先，要运用新颖充实的教学内容、生动形象的教学方法、丰富多彩的教学手段，激发学生的学习兴趣，从而引导学生产生强烈的求知欲望，这样就可以起到事半功倍的效果。

其次，要在传授知识的同时引导学生学会学习，即教会学生掌握学习的方法，让学生自己去探索知识。常言说："授人以鱼。不如授人以渔，授人以鱼，只供一饭之需；授人以渔，则可终身受用无穷。"由此可见教会学生学习，授之以法的重要。

再次，要引导学生发展自己的能力，这是启发式教学的目的之一。在进行启发式教学时，要注意采用各种有效的方式、方法，调动学生的眼、耳、手、脑等各种器官参加学习活动，以引导他们培养自己的注意、观察、记忆、想象、思维等多种能力。从而把传授知识与发展能力有机地结合起来，使二者相辅相成，相得益彰。

创造力启发教学的方法

在课堂教学中运用启发式，除了遵循上述基本原则外，我们首先应该更新我们的观念。在运用启发式教学时也要讲究方法与技巧，不能误把"满堂问"当作启发式教学方法与技巧的法宝。提问启发，仅仅是启发教学方法与技巧的一种形式和方法，而不是它的全部。"满堂问"看起来很"热闹"，其实如果不注意设问的对象、质量、层次，不注意启发的目的，自始至终都是一个样子、一个架式，学生没有进入被启发的角色，这样的问，问得更多，效果也不会大，甚至是浪费时间。我们必须认识到启发式教学的方法是多种多样的，有时，教师不置一言，没有提出什么问题。但是一个眼神、一个手势，或仅仅做出某种暗示，都会诱发学生的思路和联想，同样具有启发性，收到"此时无声胜有声"的效果。

（1）创境法

教学中让学生在特定的情感氛围中学习，有利于激发学习兴趣，调动学习积极性。例如，我在讲动词"help"的不同用法时，我利用电脑多媒体播放了一个顾客买东西时店员问他："CanI help you?"的情景片断和一个人落水后大叫"help"的情景画面，然后让学生自己体会它们之间在不同的情景中的不同含义并解释出来，这样学生不但理解了这一词的用法，而且由于借助于情景记忆印象很深且不易忘记。

（2）激情法

课堂教学不仅有师生之间知识信息的传递，更有师生之间情感的交流。现代心理学的研究表明：那种明朗的、乐观的心情有助于思泉喷涌，而郁郁寡欢、万马齐喑的苦闷心情则抑制人的思维。因而，教师在课堂教学中要像音乐指挥那样激起学生的情绪，使之思维活跃，注意力集中，从而为进一步启发奠定良好的基础。

课堂上激情启发的方法很多，常见的有：通过放录像、录音或生动讲述，使学生仿佛身如其境，产生情感上的共鸣从而情不自禁地去思维、去探索。找一件能引起学生丰富想象的物品，使学生睹物思情，如英语课教"我的一家"时，教师让学生拿出自己家庭的合影，然后用英语介绍，借以激发学生的家庭观念及热爱父母的心情。利用多媒体教学来激发学生对英语学习的兴趣，如上"Life in the future"这课时，利用自制的CAI课件给同学看电脑在各个领域中应用的具体例子，使学生对电脑有了感性的认识，激发他们对本课的兴趣，从生理学上来说，教师的自信、兴奋、惊奇、赞叹，对学生大脑两半球神经细胞的活动起很大的作用。因而教师在课堂上要饱含感情，并通过自己健康向上的感情去感染学生，使他们从中受到鼓舞和鞭策，调动起思维积极性，体验到成功的欢乐。

（3）设疑法

"疑"是探求知识的起点，也是启发学生思维的支点。会不会"设疑"是一个教师教学技巧的表现。南宋理学家朱熹说："读书无疑者，须教有疑，有疑者，却要无疑，到这里方是长进。"一个教师，在课堂教学时要注意从"疑"入手，巧设悬念，启发学生思维。换句话说，就是要善于引导学生提出问题、分析问题、解决问题，即善于引导学生生疑、质疑、解疑。应当指出的是，设疑不同于一般的课堂提问。它不是让学生马上回答，而是设法造成思维上的悬念，使学生处于暂时的困惑状态，进而激发解疑的动因和兴趣。

（4）寻思法

如果说设疑启发重在"疑"，即通过新旧知识的矛盾，了解问题与分析问题，解决问题之间的悬念来启发学生学习兴趣，那么，寻思启发，则重在"思"，即通过引导学生如何解决问题，解决悬念来启发学生，教他们用已学过的知识来分析、解决问题，提高学生的思维能力。

（5）研讨法

教师将启发贯穿于讲练中，通过循循善诱，步步启发，调动全体学生的思维共同研究、讨论、分析、解决问题或提出问题后组织学生自己分组讨论，利用集体的智慧来解决问题。这一方法在理解课文和处理难点问题上较为常用且效果明显，特别在用于培养学生的创造性思维方面尤为有效。

（6）故谬法

教师在讲授知识的重点、关键处，故意出现错误，吸引学生注意力，启发学生思维。如教师讲完某一规则后让学生一起做课堂练习时，可故意犯学生可能犯的错误，从而让他们引起警惕，以免再犯。故谬法的好处是能引起学生高度注意，启发他们积极思维，以探究正确答案，而且记忆牢固。但此法不可多用，否则容易造成学生思维混乱。

（7）暗示法

课堂教学时，当学生思维出现故障时，教师可以通过语言、手势、表情等种种方法，给学生以暗示；或接通学生的思路，让他顺利得解决某一问题；或提醒学生思维中出现某些偏差，让他们迅速回到正确的思路上来。如教师在处理课文时可把课文中的重点、难点以及一些关键词按段落板书在黑板上，这样在之后让学生复述课文时，如学生遇到困难老师就可以用板书来暗示内容，帮助学生完成复述。

（8）点拨法

点拨法也是在学生思维受阻时、引起认知过程中断时给予的指点、启发。所不同的是，暗示启发，教师只作暗示，不明确说出答案；而点拨启发，教师应把某些话说在明处。当然这些话只能说在关键处，否则就谈不上"点拨"了。

（9）对比法

强烈、鲜明的对比往往能给学生留下深刻的印象，有利于学生理解和记忆。这种方法一般用来帮助学生区别那些似是而非，看起来差不多但实际上有较大区别、容易混淆的词、词组或语法概念等。例如，初中学生往往对一般过去时和现在完成时的用法颇感困惑，就在教现在完成时的同时注意与一般过去加以对比；在教高中学生中把现在完成时同现在完成进行时加以对比，从而使学生从困惑中得到较清晰的概念。

2. 学生创造性思维对素质教育的重要性

在新观念、新知识、新学科不断涌现的现代社会，培养创新能力已成为学校素质教育的主要内容。产生创新能力的首要前提是具有创造性思维，因而培养学生的创造性思维就成为现代教育向教育者和受教育提出的新要求。传统的学校教育，由于受"应试教育"的驱动，对学生创造性思维的培养造成了诸多束缚。强求答案的"一致性"，限制了学生创造性思维的发展。教师为了使教学内容适应考试，在教学中强求内容与答案的同一性，不论什么样的理论、观点、问题，都要求答案唯一。既是教材特意设计安排的一些意在训练学生思维，培养学生能力的讨论思考问题。教师也要绞尽脑汁查经据典，寻找一个标准答案，生怕学生"胡思乱想"出与标准相悖的答案，在考试中失分，限制了学生思维的发展，阻碍了学生创新精神的形成。

对教师传授的"依赖性"，限制了学生创造性思维的发展。受"标准答案"影响，教师没有了创造性劳动，习惯于照本宣科，甚至照答案宣科，导致学生也形成了学习思维定势，认为只记下每一个答案，在考试中就能得分，进而使学生盲目迷信教师，依赖教师，动脑思维的意识逐渐淡化，甚至消失，限制了学生思维能力的正常发展。

教学管理模式的"滞后性"，限制了学生创造思维的发展。虽然现行教材训练内容丰富，形式多样，为老师采用灵活的教学方法和教学手段进行教学，对学生进行思维训练，培养高尚情操和传授知识，培养学生的创造性思维能力提供了素材。但由于传统的教学管理模式、教学评价方法等因素，极大的束缚了教师的开拓意识，使教材的这一设计意图失去了其丰富内涵，影响了学生创造性思想的培养。

根据素质教育的基本要求，要使学生的创新思维能力得到充分发展，学校教育必须突破"应试教育"的禁锢，大胆破旧立新，在教学中积极运用现代教育手段，采用灵活的教学形式，给学生多创造一些自主学习、独立思考问题的机会，培养学生良好的创新思维意识。

树立正确的学生观

在课堂教学中学生是课堂和学习的主人，教师要真正树立正确的学生观：一是要真正起到主导作用，引导学生主动动脑、动口、动手，充分调动学生参与学习的积极性，培养探索发现问题的主动性，思维归纳的创新性；二是要做学生的知心朋友，不以尊者自居，在与学生进行平等的讨论中，教师要精心设计，巧妙提问，与此同时以问引思，激活学生主动参与思考讨论的意识和主动探索的创造精神，帮助学生用探索法、发现法构思知识体系；三是切实发挥学生的主体地位，彻底废除以教师为中心的"满堂灌"，让学生根据自己的实际，在教师精心巧妙的指导下，通过读书、讨论、发现问题和思考问题，总结规律，鼓励引导学生自己去纠正和补充片面不足的甚至是错误的认识，同时教师应根据不同的学情，及时给予恰当的点拨和学法指导，促使学生积极思维，加深对知识的理解。

创造良好的学习环境

创造良好的教育环境，教师要彻底更新教育观念，与学生建立起融洽的朋友关系，理解和尊重学生，尤其对一些经常受挫折的学生，更要与他们平等相处，对他们提出或者回答的问题，哪怕是片面的都不冷落，不讽刺，要给予鼓励和热情的帮助，创造宽松愉悦的学习氛围，启迪他们积极思维的潜能，帮助他们把握问题的核心，逐渐提高思维的正确率，这是培养学生创造性思维的契机。这样持之以恒，老师与学生间就会形成互敬互爱的师生关系，营造起良好、和谐的思维情景，使学生思维的积极性和创造性得到充分发挥。

创造良好的物质背景良好的校园建设，对学生创造性思维的形成起着潜移默化的作用。如内容丰富的图书阅览室，可以为学生进行创造性思维提供充足的营养；优雅的学习环境，可以使学生对知识产生强烈的探索求知欲望；鲜艳翠绿的花草树木，可以使学生产生不尽暇想，萌动创造性思维的激情；健康向上的校园文化，可以使学生增强自信心，有利于创造思维和创新能力的形成；功能齐备的实验室、电教室又为学生检验自己思维的正确与否，提供了一定的保障。

改革教学方法

根据素质教育的要求，教师要打破传统的思维模式，改革传统的以教师为中心的教学形式，用创造性思维认识和处理问题，以达到培养学生创造性思维的目的。在教学过程中，首先要注重对学生发散性思维的培养。

发散性思维是指对同一问题、同一观点，要根据多种联系，从不同角度，采用不同的思维方式去思考，去寻找答案，寻找解决问题的方法和途径。要注意保护学生的创新意识，多给学生创造表达自己见解的机会，引导学生多角度看问题，鼓励学生敢于求新求异，独辟蹊径，发表与别人不一样的见解。教师要善于引导和发现学生思维的发散点，找准思维的发散点。

帮助学生摒弃思维定势，抓住关键，一个好的切入点，正所谓一石激起千层浪，不仅可以激活学生的创新思维意识，促使学生积极投入到创新思维活动中去，而且会使学生的思维渐具深刻性，较好地把握问题的本质与核心，形成较强的思维能力。教师要善于调动学生思维，开拓学生创造性思维的潜能。教师要用赞赏的目光，鼓励的语言，尊重学生求新求异的思维，引导学生敢于向自己的一些观点挑战。对于学生思维创造独特的一面，要及时肯定，对不甚完整、甚至片面的一面，也应给予恰当鼓励，不能过早的轻易否定，要多角度，多层次提出问题，引导学生积极主动的思维，及时补充更正，使学生的创造性思维在课堂上充分表现出来。教师在教学中要巧设悬念，激兴促思，使学生对知识产生神秘感，激起好奇心。好奇心是创造性思维的起点，也是创造性思维的动力。

教师要精心设计问题，灵活巧妙的应用引导提问技巧，诱导学生多思、乐思、乐问、善说，使学生在动脑动口的活动中发展思维。把学生培养成具有创新精神、创新思维能力和创造能力的社会人才。

3. 学生创新素质教育的意义和原则

创新教育是当前热门话题。创新教育与素质教育是什么关系，两者如何结合？本文就创新素质教育的提出与实施，谈谈想法与看法，供研究与参考。

创新素质教育的提出

创新素质教育是伴随着人类的创造实践活动而产生，并逐步明确，逐步形成的。创新素质教育，是从创造教育、素质教育、创新教育不断衍化而生成的。

有关创造教育的思想是本世纪初提出来的。1936 年，美国通用电气公司为了提高职工的创造能力，首次开设了《创造工程》课。它不去研究发明创造出来的成果，而是专门研究成果是怎样发明出来的。后来人们把这门科学叫做创造学。而把创造学运用到社会或学校教育上，则称之为创造教育。创造教育是创造学的分支，是专门研究人类发明创造活动的规律及其运用的。

在我国明确提出创造教育的是近代教育史上的著名教育家陶行知先生，他于 1939 年在重庆创办育才学校，明确提出了创造教育的理论。设立"育才创造奖金"，发表《创造宣言》，提出"处处是创造之地，天天是创造之时，人人是创造之人。"并提出对眼、手、脑、嘴、时、空的 6 大解放，还进行了大量创造教育的实践，培养出了一批创造型人才。50 年代，美国、日本等国先后建立了有关创造性教育学校，在普通学校里开设了相应课程。

创造教育与创新教育，两者都有"创"字，即初次、开始做的意思。单从"创新"与"创造"两词比较，创新包容创造，创造涵容创新。创造比较具体，是全新的，是无中生有，难度比较大，层次比较高。如创造新概念、新理论、新观点，创造新技术、新工艺、新产品，等等。在学校提创造教育，似有距离感，不容易被普遍接受与认同。因为基础教育，主要任务是传播知识的，是为培养人才打基础的。从受教育的对象来看，由于年龄与文化知识的拥有量，还没有达到创造的层次。而创新比较宏观、广泛，是在已有基础上，对常识、常规的推陈出新，是创造的基础与前提。所以，在学校提出创新教育，为培养创造性人才打好基础，既有普及性，又有全面性，特别是面对新世纪对人才素质的要求，更有普遍需求与推广的可能性。

所谓素质教育，是以提高学生全面素质为目的的教育活动，使学生德、智、体、美、劳等方面得到全面发展。而创新教育培养学生创新意识、创新精神、创造思维、创造能力，其目的是培养创造性人才。从创新教育与素质教育的培养目标上看，两者并不是矛盾的。素质教育目标强调学生素质的全面发展；创新教育培养目标，强调培养创新精神和创新能力，应当说两者是一致的。全面发展包括创新素质，而培养创新精神与创新能力，应在德智体美劳全面素质发展的基础之上。所以说，素质教育包括创新教育，创新教育是高质量的素质教育。把创新教育与素质教育两者结合，明确提出创新素质教育，是科学的、合理的、可接受的。

那么，什么是创新素质教育呢？根据素质教育与创新教育的定义，所谓创新素质教育，就是引导学生学习与研究发明创新的规律和创新方法，培养学生具有创新意识、创新精神和创造思维、创造能力，德智体美劳等方面素质全面发展，使之成为高素质创造性人才的教育活动。简而言之，所谓创新素质教育，就是全面培养与提高学生创新素质，使之成为高素质创造性人才的教育活动。作为基础教育来讲就是为造就高素质创造性人才打好基础。我认为，这样界定创新素质教育好：一是明确了创新教育与素质教育的关系，为创新教育定了位，即创新素质的培养应在素质教育中有机进行。这样既强调了素质教育的基础性、主体性、发展性，又把创新摆到了突出位置；二是强调了素质教育培养目标的核心，即要在全面发展素质基础上，突出培养具有创新精神与创新能力的素质，在培养高素质创造性人才上下工夫。这样界定从规定上注意科学性、规范性、整体性、操作性，既避免了片面性，又明确了有机结合的方向，使素质教育与创新教育得到和谐有效的落实。

实施创新素质教育的意义

明确提出实施创新素质教育，无论从理论上，还是从实践上都具有重要的意义。

（1）有利于对创造性人才的培养

有利于对创造性人才的培养，有利于提高国民素质与创新能力，是教育目标的全面实现。提高国民素质与创新能力，是新世纪教育的培养目标。实现这一培养目标，基础教育必须改革与创新，必须实施创新素质教育，即搞好以创新教育为核心的全面素质教育，培养高素质创造性人才。只有这样，才能完成党和国家交给教育的伟大使命。

（2）有利于创新教育与素质教育的有机结合

有利于创新教育与素质教育的有机结合，全面贯彻党的教育方针，全面实施素质教育。过去教育的弊端是重知识、轻德育、轻能力，特别是轻视对获取知识能力以及创新能力的培养。针对其弊端，基础教育向素质教育转变，使基础教育发生了深刻变化。但是，在实施素质教育进程中，由于认识与理解问题，有些地方只注重琴棋书画的第二课堂活动，忽视天地人学，海陆空方面的科学知识和科学精神的教育，忽视学生创新素质的培养。创新教育与素质教育不是对立的两回事。创新教育是素质教育的深化，是素质教育的核心，是素质教育题中应有之义。实施素质教育不进行创新教育，就不可能真正完成提高国民素质和创新能力的培养目标。其素质教育就没有抓住重点，没有抓住关键，没有实施到位。反过来讲，创新教育决不能离开素质教育而另搞一套，必须在使学生德智体美劳全面发展的基础之上，培养学生的创新意识、创新精神、创造能力。明确提出实施创新素质教育，目的就是使创新教育与素质教育有机结合，全面贯彻党的教育方针，全面实施素质教育，培养高素质的创造性人才。

（3）有利于迎接知识经济的挑战

有利于迎接知识经济的挑战，全面实施科教兴国战略，发挥教育的多元功能。21世纪，是知识经济时代。所谓知识经济就是以知识为基础的经济，这种经济直接依赖于知识和信息的生产、扩散和应用，它区别于农业经济靠土地，工业经济靠资本、资源。其明显特点，就是以高科技为先导、以创新为灵魂。所以，我国实施科教兴国战略，把教育摆到优先发展的战略地位，这是迎接知识经济挑战的重要战略部署。其目的就是为知识经济输送具有创造思维和能力的人才。而培养创造性人才，必须全面实施素质教育，在素质教育中必须突出创新教育。所以，提出全面实施创新素质教育，这既是基础教育的紧迫任务，也是知识经济时代的呼唤。有人说：学校培养出来的人95%从事生产劳动，只有5%等少数人从事高科技工作。认为中小学不需要进行创新素质教育。这种认识有很大的片面性。虽然大多数人不是搞发明创造的，但生活在当今时代，就是一般的生活、工作，也离不开创造能力和创新精神。可以说，没有创造能力在现代便无法生存，没有创新精神就不会享受现代文明。所以，学校教育应站在新时代的高度，坚持教育三个面向，积极主动地抓好创新素质教育，以迎接知识经济的挑战。

（4）有利于学生自身创造潜能的生成

有利于学生自身创造潜能的生成，促进学生素质的全面发展、和谐发展、创新发展。具有情感、具有思维能力、具有创造潜能，这是人和其他动物的根本区别。从国内外心理学家及脑科学研究成果表明：创造能力是每个健康个体都具有的一种普遍的心理能力。人的大脑在两周岁前基本发育完成，五岁前的脑重量已为成人的95%，而智力发展则为一半。这个时期的素质可塑性大、记忆力强、是大脑思维最活跃时期，也是培养创造能力的最佳期。所以，在中小学要树立正确创新素质教育观，积极开展创新素质教育。对学生身上创造性的萌芽，要积极、适时，按着创造心理规律给以培养、扶植、拓展、开发、强化，不断提高创造个性素质。这既是创新素质教育的任务，也是青少年创造性心理潜能健康发展的内在需要。

研究与实践表明，在学校进行创新素质教育，培养学生创新意识、创新精神和创造才能，既是重要的，也是可能的，具有重要意义。作为广大教育工作者和家长，必须提高认识，转换观念，扩大共识，增强配合，坚定搞好创新素质教育的自觉性。

实施创新素质教育的几个原则

实施创新素质教育是基础教育的重大改革与创新。在指导思想、过程管理、结果评价等方面，必须坚持以下原则：

（1）进步性原则

创新是对传统、常识、常规与秩序的超越、完善、纠正和发展。其成果应是新的、有用的、进步的。创新有进步创新，非进步创新。实施创新素质教育必须坚持进步性原则，不违反法令和伦理道德。坚持这一原则，就是要培养学生进步的先进的创新意识，树立为祖国、为人民、为人类、为和平、为正义而创造的世界观。凡是有利于发展与解放生产力；有利于发展经济、改善与提高人民生活的；有利于人类社会稳定和平与安全的就去创新、就去创造。凡是对危害人民、危害人类、危害和平的创造与发明，就不能去创造。否则，就是对正确的破坏，就是对人民的犯罪，就是对社会的造孽。

坚持这一原则，还要坚持抓创造，又抓思想道德素质培养，教会学生学会做人、学会创造，培养学生的意志、毅力及"进攻性"品质等非智力因素。智力不完全等于创造力。一个智商水平一般的人，但非智力因素水平高，意志坚强、吃苦耐劳、有毅力、有信心，在事业上往往能有所作为。相反，一些智商水平较高的人，由于懒惰，没有毅力、自命不凡，反而在事业上一事无成。这说明，如果一个人只具备了智力基础而缺乏毅力因素，那么这个基础再好也不会产生创造力。历史上，成才者往往不是在顺利、舒适的环境中产生，而往往更多地经历磨难、失意、凌辱、孤独与病恙。其创造能力在顽强的意志和坚韧的毅力支撑下会更加发扬光大。

（2）整体性原则

即根据系统科学原理，统筹规划、科学运作，追求实施创新素质教育的整体效益。依据这一原则，学校实施创新素质教育，就要围绕培养创造性人才的需要，对教育办学体制、教育观念、教育模式、教育内容、教育条件、教育评价、教育环境等诸因素进行综合改革、系统创新、系统优化，建立良好的创新素质教育运行保证机制与体制。用良好的创新教育素质条件去保证提高创新素质教育的质量；依据这一原则，实施创新素质教育就要坚持全学校、全家庭、全社区、全方位齐抓共管，营建良好的实施创新素质教育环境；依据这一原则，实施创新素质教育就要坚持全体性、全面性、主动性与创新性，对德、智、体、美、劳等各育一起抓，使受教育者在德智体美劳与创新精神、创造能力等诸方面素质得到全面发展、整体发展，成为高素质创造性人才。

（3）主体性原则

即坚持落实学生主体地位，尊重学生、信任学生，让学生主动活泼的发展。坚持主体性原则，教师就要讲民主，变课堂为学堂与讲堂结合；变只传授知识为既传授知识又培养创新能力结合；让学生从沉重学习负担中解放出来，让学生抬起头来听课，挺起腰板走路，让学生有较充足的想象与创造的时间。

坚持主体性原则，就要坚持共性与个性一起抓，既注意对共性的全体全面的培养，又要注意对个性的发展，特别是要重视对创造个性的培养。学生自小有许多个性表现，有的不怕困难，自信心足，独立性强；有的坚持性强，情绪热烈而稳定，有较强的探索动机。但这些品质往往被学生的顽皮、任性、内向、古怪等超越常规的现象所掩盖，因而有时得不到教师的赞赏与肯定。因此，教师应充分注重培养学生良好的个性心理品质，注重学生整体素质的培养，不能只是表扬那些顺从、听话，会来事的学生。而应经常关爱、鼓励那些敢于提问，经常有新观念，有坚持性的学生，使其创造个性得到充分发展。

（4）创新性原则

既在素质教育教学中，教师要创新的教，学生要创新的学，营建一个有利于创新能力培养的良好的民主的、和谐的环境。坚持创新性原则，在教学方面，教师就要采用启发式、讨论式、竞赛式、调研式等优化教法，不仅传授知识，还要交给学生知识创造的规律，交给学生发现、获取知识的能力；在精神方面就要形成一种宽松的、民主的、和谐的气氛。给学生一定的自由度，让他们能主动地、自由地思索、想象、发问、选择，甚至行为。教师对学生的创造性要善于引导、鼓励；对学生的异常思维方式、顽皮、任性要善于理解、宽容、奖励；在物质方面，就要加大投入，为学生们的创造性活动提供时间、空间和材料。为学生安排集体活动之外的自由活动的时间、空间和材料。为学生提供场所，让学生去参观、游览、玩耍，接触自然和社会；为小学生、幼儿提供各种材料和玩具，以此来激发他们的想象力和创造力；在环境方面，就要有能引起创造思维的感观刺激，如抽象画及发明家、创造家的头像与成长发展史的介绍，等等。

（5）实践性原则

即坚持实践第一，教学做结合，让学生在实践中学，在实践中创。坚持实践性原则，就要走出课本、走出课堂、走出学校，贴近生活、贴近自然、贴近生产、贴近高科技。结合现实、结合实际教学做。既不仅学到真实创新本领，又服务了社会。坚持实践性原则，就要开展丰富多彩的创造性的活动。让学生自己设计、亲自体验、自我评价，体味创造的滋味。如开展调查活动、观察活动，开展角色创造活动、编讲故事活动、科技小制作活动，等等，从中培养学生的观察与想象能力、发现问题、提出问题、解决问题及动手创造的能力。

4. 创造教育与素质教育的区别

当前，素质教育不仅已为国人所共识，而且已成为我国教育改革的主旋律。同时，随着综合国力与国际竞争的日趋激烈，尤其是知识经济初见端倪，创新人才的培养又是全国教育所追求的目标。创新人才的培养需要创造教育，从而使创造教育的重要性更加凸显出来。曾有学者提出，"创造教育必将成为21世纪中国教育改革的主旋律"。究竟创造教育与素质教育，有何异同？二者的关系怎样？这正是本文要探讨的问题。

创造教育与素质教育从根本上一致

创造教育是依据创造学原理，遵循人的创造活动的规律和人的创造素质培养的规律，运用现代教育观念，采取科学的艺术的创造性教学方法和手段，开发学生创造潜能，培养学生创造意识和能力，启迪学生创造思维，塑造学生创造品格的教育。从教育改革与发展需求看，创造教育有力地冲击着传统的"守成教育"模式，直接而又集中地体现了素质教育的主旨，是对素质教育实施目标、途径和方法，在更深层次和更高层次上的有益探索。从当代经济与社会发展需求看，创造教育加速了创新人才的培养，是时代创新的支点和基础，是新时代的呼唤。

创造教育源远流长，并且具有广阔的发展前景。在长期的发展中形成了自己日臻完善而严谨的体系。其基本体系是以课堂教学为主渠道，以创造活动课、训练课、隐性课为辅助，学校创造教育与社会创造教育、家庭创造教育有机结合，构成大创造教育的格局。创造教育的基本要义有四：坚信每一个正常的学生都有一定的创造潜能，都能通过适当的教育，取得创造性的成绩，成为某一方面的创造型人才。因此，创造教育是面向全体学生的教育；坚信人的创造力及其发展只有类型和层次上的个别差异，因此，对每一位学生的创造力，不能用一个模式去培养，必须坚持个性；坚信在人的创造素质的发展中，教育起主导的作用，教育是培养人的创造素质的最佳途径；坚信学生是创造教育的主体，教师的主要任务是创造各种条件，帮助学生生动活泼、主动地全面发展自己的创造素质。

素质教育则是依据人的发展和社会发展的实际需要，以全面提高全体学生的基本素质为根本目的，以尊重学生主体和主动精神、注重开发人的智慧潜能、注重形成人的健全个性为根本特征的教育。具体而言，素质教育包含以下几种要义。

（1）面向全体学生

素质教育不是面向部分人而是面向全体人，它并不反对英才，但反对使所有教育变为英才教育的模式，它不是一种选择性、淘汰性、大统一的教育，而是一种使每一个人都得到发展的教育，每个人都在他原有的基础上有所发展，都在他天赋允许的范围内充分发展。

（2）全面性

素质教育要求全面发展和整体发展，要求德、智、体、美等各方面并重，要求全面发展学生的生理素质、心理素质和文化素质。有研究者指出，"素质教育中的'全面发展'有两个方面的具体规定，针对每一个个体来说，它是'一般发展'和'特殊发展'的统一；针对班级、学校乃至整个社会群体而言，它是'共同发展'和'差别发展'的协调"，"全面发展实际上就是'最优发展'"。

（3）主体性

素质教育是充分弘扬人的主体性，注重开发人的智慧潜能，注重形成人的精神力量的教育，它要唤起学生的主体意识，发展学生的主动精神，形成学生的精神力量，促进学生生动活泼地成长，帮助学生创造自信谦虚和朝气蓬勃的人生。这是素质教育活的灵魂，是对素质教育思想的最关键要求。

创造教育是全面实施素质教育的有效途径与方法

创造教育是全面实施素质教育的有效途径与方法，尤其是培养学生的创新素质、培养创新人才的有效与方法途径。

（1）创造教育能充分体现素质教育的完整性与整体性

创造教育能整合知识型教育，因为要创造就必须要有丰富的知识，丰富的知识是创造力的源泉，没有知识根本谈不上创造。知识不仅能够为创造提供原材料，而且能够启迪人的创造灵感。但是创造教育又不能仅仅满足知识型教育，因为它不是以获得知识为最高与最终目的，而是以创造为目标建立合理的知识结构。

创造教育也能整合智能教育。有关研究表明，高智力是高创造力的必要条件，而非充分条件。可见，要实施创造教育，要培养创造能力，就不能忽视学生智能水平的发展，同时还要充分开发其智力潜能，但开发一般智能也并非教育的终极目的，它只是为创造教育的实施提供了必要条件。因此也决不会倒退到智能教育阶段，创造教育只是将其合理部分吸收到自己的体系中来。

创造教育的实施必然促进非智力因素或个性的培养。心理学的研究表明，与智力相比，创造力受到兴趣、爱好、情绪、意志、动机等意向的制约更大，培养创造力的过程与培养非智力因素或个性的过程具有明显的同步性。甚至可以说，培养创造力的过程就是培养非智力因素或个性的过程。总之，创造教育能最大限度地体现和发挥人性的完整性与整体性。而人性的完整性与整体性正是素质教育所追求的目标。

（2）创造教育可以使学生既能获得学习的实际知识

创造教育可以使学生既能获得学习的实际知识，又能升华精神境界，提高精神素养。知识型教育与智能型教育虽然可以使学生获得某些实际知识、技能，完成特定的智能作业和学习任务，但往往是以牺牲整个精神世界为代价的。它们往往是在学生获得实际知识技能的过程中，将学生变成心理畸形的人或精神残缺的人。而如果笼统地谈非智力因素素质教育，又可能使学生陷入无实际知识与技能的误区，这样，即便学生的精神境界暂时得到某种程度的升华，也无法持久与深入。而创造教育既可以使学生获得实实在在的知识、技能，又可以使其整个精神境界得到升华。因为创造教育既包括教育学生创造性地获取知识与技能，也包括使学生学会创造性地思考，创造性地解决问题，还包括使学生创造性地生活，创造性地适应环境，创造性地对待和建构人际关系以及对自身创造人格的塑造。

素质教育要真正提高水平与质量借助于创新教育

素质教育要真正提高水平与质量，培养出优秀的创新人才，就必须借助于创造教育，对学生实施全面的创造教育。这是因为

（1）创造教育是以开发智力和创造力为主的教育

传统教育片面强调教学的主要任务是传授知识，忽视对学生的能力培养。而创造教育则强调教学必须以开发智力和培养学生的创造力为主。虽然授业解惑、传授知识仍然是教学的基本任务之一，但它不是教学的主要任务与终极目标。在创造教育中，开发学生的智力和创造力始终摆在教学过程的首位，必要的知识传授只是学生发展智力和创造力的基础，"媒介"和"激素"。在创造教育观的指导下，课程设置、课程结构、教学内容、教学方法等，都将进行一系列的彻底改革。

（2）创造教育是以"学"为主的教育

创造教育认为，学生身上蕴藏着巨大的学习潜力。教师的教就在于充分发挥学生的学习潜力，只要教师引导得法，学生能够通过自己的主动探索独立获得知识。在教学过程中，教师重视充分调动

学生的主动性和创造性，促使学生由"老师要我学"转变为"我要学"，从而迸发出极大的学习热情。同时，教师也十分重视学生学习的心理活动特点及其方法，使自己的教学方法符合学生的学习规律和学习方法，把教的方法与学的方法辩证地统一起来。只有这样，才能使学生真正成为学习的主体，才能使学生始终处于主动学习的最佳状态，从而实现教学效果最优化。

（3）创造教育是多样化的教育

创造教育则是要克服传统教育的弊端，把单一化的教育转变为多样化的教育，以丰富多样的刺激促进学生向多方面发展。同时，创造教育要求及时改革、更新、充实、丰富教学内容，增加反映现代科学发展新成就的即时信息，以及边缘学科和综合性学科的有关知识，扩大教材信息容量，从而开阔学生视野，帮助学生建立最优化的知识结构。创造教育是以教学的多样化来促进学生的多方面、全方位的发展，开发学生的创造潜能。

（4）创造教育是开放型的教育

所谓开放型教育，是指引导学生在学习过程中与外界环境发生广泛的信息联系的一种教学形式。这种形式具体表现为：教师具有开放型教育观，确定培养开放型人才的教学目标，建构开放型的教学内容，形成开放型教学体系，选择和运用开放式教学方法与途径，组织开放式课堂教学结构，把学生从课堂引向广阔的社会，从书本知识的学习引向社会实践，丰富他们的知识，拓宽他们的视野，开拓他们的思维与创造潜能。开放型教育是现代社会的客观要求，这种社会要求通过学校教育和教学，培养出大批能够适应开放型政治体制，经济体制和生活模式，具有开放的自我意识、思维方式和开放的、多维智能结构的创新人才。

（5）创造教育注重学生的学习过程

创造教育注重对学生学习过程的分析与研究，重在学习方法、思维方式的指导和学习能力的培养。创造教育认为，学习结果只是学习过程的产物，而且学习结果不仅仅是考试分数或解题的正确率，它不能作为衡量学生学习质量的唯一标准。学习能力与创造能力的发展比考分更重要。因此，在教学过程中，教师要全面了解学生的学习情况，不能囿于学生的学习结果，而必须分析研究学生的学习过程、思维方式与学习方法。

（6）创造教育强调引导学生独立探索新的、众多的答案

创造教育以培养创造型的学生为目标，因而十分强调引导学生独立获取知识，独立地分析问题与解决问题，独立地探索解决问题的多种途径与方法，鼓励求异创新。在课堂教学中，教师综合运用探索法、发现法、学导式教学法、变序教学法等有利于开发学生创造力的教学方法，努力创设促使学生独立探索、发散求异的教学情境，营造鼓励学生自由发表独创见解、热烈讨论的课堂氛围。教师不仅提出有多种解答方案的发散性问题，启发学生独立地谋求解决问题的多种途径与方法，以训练学生的创造思维，而且鼓励学生大胆质疑，重视培养学生发现问题与解决问题的能力。

总而言之，要真正提高素质教育的水平与质量，培养出优秀的创新人才，就必须借助于创造教育，使教育教学方法、教学内容和教学过程富有创造性。

5. 教育评价与学生创造素质培养

正确评价学生学习生活有利于促进学生主体性发展，激发学生创造潜能，培养和提高学生的创造素质，否则会扼制学生创造力，泯灭学生个性优势，不利于学生全面素质的构成。现就中小学教育

评价出现的偏差对学生创造素质培养的制约和教育评价创新策略做初步探讨。

对学生创造素质培养的影响

目前，中小学教育评价失误主要有两个方面：其一，过分偏重定量评价或定性评价，人为割裂定性评价与定量评价的内在统一性。许多学校及教师将"指标和量化"评价模式视为唯一的科学评价模式，忽略模糊评价的价值，甚至形成"滥用"的局面。只看到"指标和量化"模式的可测性、客观性，忽视这种模式缺乏激励性，难以反映个性的全面价值，难以突出学生个性优势，容易抹杀学生学习生活中的创造性，导致压抑学生创造激情，阻碍或制约学生创造素质的发展。

许多农村学校则过分强调定性评价，教师们往往以水平低、太麻烦或者以量化指标未必客观为借口拒绝定量评价，结果由于教师个体素质的限制，往往凭主观印象，主观恶好评价学生及学生的学习活动，使评价失之偏颇，难以发挥定性评价的激励功能，造成限制学生主体思维创新的负面效应。因此，只有正确认识定量评价与定性评价的优势和薄弱点，将二者统一起来，才能使教育评价发挥应有的效应，促进学生素质的全面提高，尤其是创新意识和创造力的提高。

许多教师在教学活动中，过分重视学生操作行为及答案是否合乎标准，对学生在不合标准的学习过程中的能动性或创造性也是一概否认。如学生在验证"同体积热空气比冷空气轻"的实验操作中，由于剪开了被加热的易拉罐封口，得不出教师既定的假定，教师便严厉地批评操作"失误"的学生不按要求实验，不去引导这一"失败"本身寓含着"热空气上升，冷空气随之补充"这一自然规律，泯灭了学生自主获取知识的积极性，扼杀了学生在探求中破除权威限制，实现创新的激情。

由此，教师的评价应把握客观尺度，以激励为原则，在评价时应充分尊重学生主体地位，以宽厚的胸襟去捕捉学生学习过程中的创造火花，以饱满的热情去激励学生探索，尤其是面对学生的错误或失败更要挖掘其中的创意，将其合理的地方放大，给学生以自信。这样的评价才可以让学生在充分自由的空间与宽松的心理环境中去发现、去表现，去展示特长，凸现个性优势，最终完成自我，实现创造，提高创造力。

中小学教师在进行教育评价时，应当克服评价的随意性、夸大性，力争发挥教育语评价的最佳效能。

实现评价观念、方法的转变与创新

消除教育评价偏差对学生创造素质发展的影响要做到三点：首先，教师应实现以教师为中心向以学生为中心的转变。传统评价、当前消极评价中教师往往以自己的好恶、正误标准来评价学生学习活动，这是典型的"教师中心论"评价中的反映，它违背了教师主体性原则，在教育教学活动中坚持教师是权威的化身，表现在学习评价中学生不按要求必定是错误的，接受批评是完全应该的。这些必然会压制学生学习与探索的主动性，成为被动接受的奴隶，仅有的创造激情被淹没，创造潜能被扼杀。基于此，教师应以现代教育观念去开展现代教育评价，把主体还给学生，把"创造"还给学生。其次，教师要力求从经验性评价向科学性与经验性相结合的评价转变。注重评价的科学性，使评价客观化，发挥评价的导向功能，发挥丰富有效的经验在评价操作中的积极作用，使经验与科学有机结合起来，形成独具特色的客观、公平、激励的评价模式。再次，教师要力求使评价由单一化向多样化转变。即把握评价方法的多样性，评价主体的多样性，因时、因地、因人、因势对学生适时、适度评价，尽力使学生明白自己的优点、潜力，让学生对探求与学习充分自信。

实现评价策略创新，打破固有评价模式的限制，在方法上创新。教师个体在教育教学实践中必然会形成以类同的言语、姿势、方法去评价类同的学生，学习过程、学习环境的评价定势，学生对此形成相应的习惯感觉，从而削弱评价效果，有时甚至会弱化学生个性。因此，教师应有意识地打破定势追求创新，学生在教师创新中内化迁移，形成学生自我的创新素质。

打破评价时间、空间上的限制，让评价突破校园、课堂的界限，充分发挥其激励与监督作用，形成良好的习惯，不断强化学生的个性优势。打破评价主体的限制，构建学生，家长、教师三位一体的评价模式，实现评价主体构成要素的创新。这种创新，有助于学生主体性发展，其创造素质也随之而提高。

总之，走出评价误区，实现评价创新，对培养创造性、适应性人才具有重要的理论与实践意义。

6. 素质教育与创新教育的路径选择

坚持以人为本、全面实施素质教育是教育改革和发展的战略主题，是贯彻党的教育方针的时代要求，核心是解决好培养什么人、怎样培养人的重大问题。重点是面向全体学生、促进学生全面发展，着力提高学生服务国家服务人民的社会责任感，勇于探索的创新精神，善于解决问题的实践能力。全面推进素质教育是我国教育事业的一场深刻变革，培养创新人才是我国全面建设小康社会的必然要求。因此我们必须明确素质教育与创新教育及其关系，找到素质教育与创新教育的有效途径，为国家经济建设培养合格的建设者和可靠接班人。

素质教育与创新教育及其关系

素质教育，是以提升学生全面素质为目的的教育活动，是利用遗传与环境的积极影响，调动学生认知与实践的主观能动性，使学生德、智、体、美等方面得到全面地发展，促进学生的心理与生理、智力与非智力、认知与意向等因素全面的和谐发展，为学生的进一步发展形成良性循环。

创新教育的核心是在全面实施素质教育的进程中，为应对知识经济时代的挑战，教学生掌握已知、探索未知，着重研究和解决如何培养学生的创新精神、创新意识和创新能力的问题。通过对传统教育的研究和探索来构建一种新的教育理论及模式，并使其逐步丰富与完善，更好地促进素质教育的实施。

素质教育的目标强调学生素质的全面发展，要求所培养的学生具有较好的基础知识、基本能力、正确的人生观念、健康的心理素质，为人的全面发展打下良好基础。

创新教育的目标强调培养创新精神和创新能力，应当说两者是一致的。而创新教育培养学生创新精神、创新意识、创造思维、创造能力，目的是培养创造型人才。因此，素质教育包括创新教育，创新教育是高质量的素质教育。

创新教育强调的创新与创造，所培养的学生要具有相应知识、学习能力、创新思维的全面发展的人，这样的人才会迸发出创造的火花。这样的人才会敢于创新，不断创新，想前人所未想，创前人所未创。所以说实施创新教育、素质教育是基础，只有在大力推进素质教育的基础上加强学生主体性、个性培养，加强教育的全面性、基础性、多样性与发展性，使教育教学改革走上健康发展之道，才能谈得上真正有价值的创新教育，才能培养出具有创造性的人才。实施创新教育，素质教育是基础，只有认真实施素质教育才能有创新教育的发展。

素质教育的有效途径

（1）加强德育工作

德育是素质教育的重要组成部分，居首要的地位。全面实施素质教育，德育教育的外延得到扩大，德育与其他各项教育活动的联系更加密切，德育教育是基础教育的社会主义思想道德建设的基础和重要组成部分，对提高学生整体素质具有十分重要的意义。

德育教育是一项系统工程，要把德育教育融于学生学习生活全过程，落实在教育、管理及服务的各项工作中去，进而增强德育教育的覆盖面和影响力。引导学生树立正确的世界观、人生观和价值观，引导学生按照思想道德准则做人、做事、做学问。

首先，德育教育要与日常教学相结合，每个教师要树立科学的德育观，把传授知识作为德育的载体，要善于从教材中发掘道德因素，掌握德育教育的方法，融德育教育于各科教学之中。其次，加强教师队伍建设，提升教师综合素质，建立健全教师职业道德考核评价制度。要针对新形势下青少年的特点，加强学生的心理健康教育，培养学生坚韧不拔的意志，艰苦奋斗的精神，要帮助学生克服各种心理障碍，增强适应社会生活的能力。再次，德育教育要和道德实践相结合。要充分发挥各种道德实践活动的教育引导作用，不断改进德育教育工作方式，采用学生喜闻乐见、丰富多彩的实践活动，增强德育教育的时代感、感染力和吸引力，使德育教育更加生动活泼。要把德育教育落到实处，建立健全德育教育和道德实践的客观、科学的评价体系，推动素质教育向纵深发展。

（2）推进学校教学改革。

从教材建设、课程设置、教学方法、教学手段等方面要彻底根除"应试"教育模式，积极推行"素质"教育模式，要拓宽学生的基础知识，提高学生的综合素质。把发挥教师的引导作用与突出学生的主体地位结合起来，把教师的释疑解惑与引导学生质疑问难结合起来，把传授知识技能和帮助学生掌握科学的学习方法结合起来，把学习科学文化知识与加强思想道德教育结合起来，不断更新教学观念，始终把握现代教育思想的脉络。要逐步形成一个规模、结构、质量、效益协调发展的高效运行机制，促进学生全面发展的人才培养模式。

（3）营造丰富多彩的校园文化氛围

要充分利用社会大环境，努力营造校园小环境，改善办学条件，努力创造愉悦身心、富有诗情画意的校园环境，为学生的健康成长创造良好的条件，营造浓厚的校园文化氛围是培养学生综合素质的重要途径。首先，开设人文社会科学课程或进行专题讲座，使学生开阔视野、启迪思维、激发灵感。其次，大力开展校园文化活动，加强社团文化建设，多渠道提高学生的综合素质。另外要加大经费投入力度，充分利用已有场地和资源，从各个方面为学生人文素质的培养创造良好的条件，从而达到启迪智慧、陶冶情操及综合素质全面提高的目的。

创新教育的有效途径

创新教育是不同于传统教育的新型教育，它不以知识积累的数量为目标、也不以知识继承的程度为目标，与传统的教育相比创新教育同样也强调合理的知识结构和获取知识的方式，同样也强调培养学生的各种能力，但更强调学生创造能力发掘与培养。创新教育的主要目标，不像传统教育那样培养同一规格的人才，而是要全力开发学生的创造力和培养创造型、复合型、通才型的新型人才。

创造性的思维是学生创造能力、思维能力和实际操作能力密切相关的综合能力的核心，想象力、好奇心、挑战性、冒险性、独立性、自信心等个性心理品质是它的非智力因素。创新教育应以培养和发展学生的创新精神和实践能力为主要内涵。

（1）教师要有创新精神

教师要转变教育观念，首先要树立创新的价值观。创新的价值观即是要充分认识到创新在整个社会进步和个体发展中的重要意义和作用，坚定地树立起以培养学生的创新素质为己任的观念，把不断探索和积极创新，推动社会进步看作是应尽的职责和义务。

现代社会的发展、科学技术的进步，都要求教育的职能从继承为主转向创新为主；从传授知识为主转向开发创造力为主；从训练标准化的个性为主转向培养多样化的个性为主；改变传统的传授知识为主的封闭式教学为培养能力为主的开放式教学。在课堂的基本结构中，重学生学习过程，重提出问题、解决问题的过程，重培养能力的过程。开展情境教学，创设生动、活泼与民主的课堂教学气氛，逐步培养学生大胆质疑、提出问题、多向思考、科学想象等创新思维能力。运用探索发现式的教学方法，引导学生在发现信息与获取信息的过程中，发展其创造力，同时教给学生发现的方法，包括观察发现、模型发现、相似发现等发现方法。这样，学生就能更有目的地、更自觉地进行发现活动并取得发现成果。

创新教育要求教师要将自己的创造个性渗透于研究探讨教材过程中，实施于课堂教学过程之中。教师要以敏捷的思路，深厚的文化底蕴，正确的审美价值，优美的语言，饱满的精神，优雅的举止进行教学，形成自己的独特的教学风格。同时要积极营造有利于教师开展创造性劳动的环境，充分调动和保护教师的积极性和创造性。要大力提倡教师发扬创新精神，提高创新能力，掌握创造性的思维和方法，用自己的言行影响和感染学生，并在教学工作中不断创新，不断丰富和提高自己。

（2）实践活动与研究性学习

实践活动与研究性学习，特别是创造性的实践活动与研究性学习是培养学生创造性思维、创造技能及实现创造目标的手段和桥梁，是培养创造能力的重要环节。

在校期间研究性学习和创新实践活动多种多样，在教学的全部过程中都可以进行。如实验课、综合劳动技术课、多媒体授课、讨论式教学、专题研讨及课外发明创造活动，成立兴趣小组，假期社会实践活动和研究性学习等丰富多彩的第二课堂活动，提高学生的创新意识，激发其创新欲望与发挥其创新能力。

运用现代化教育手段，如运用计算机网络技术发展多媒体技术教学，运用以计算机远程教育、视听结合的声像教学，在提高教学效益的同时，让学生获得丰富的视听感知，感受人类创造创新活动的成果，激发其创造的意识，树立起创造的志向。

通过充分运用现代教育技术手段优化教育结构和过程，使学校工作呈现出了生动活泼的良好局面，使学校教育教学形式更加多样，教育教学内容更加丰富，教育教学效果更加有效。而现代化教学手段特别是多媒体教学手段的恰当运用，不但使课堂教学形象、直观、生动、图文并茂，符合学生的认识规律，而且能增加课堂教学的趣味性，极大地调动学生的学习兴趣和积极性，激发学生的探求欲望，培养学生的创造能力。

创新精神的培养是实施素质教育的需要，全面实施素质教育是当前教育改革最紧迫的任务。素质教育是以塑造人的综合素质为目标的复合型教育，而创造能力是个体综合素质中最具生命力的综合素质，是推动个体顺应环境，发掘潜力走向成功的内在动力。因此，加强学生的创新精神和实践能力的培养是启动实施素质教育的有效措施。

在基础教育中，如何把各种基本素质教育融合起来，培养学生的各方面素质，特别是创新教育，培养出适应社会需要的高素质人才，是我国基础教育所面临的问题，也是办好基础教育的关键。我们将按照基础教育的办学方向加强实践，为培养适应市场需要的、能服务于我国经济建设的高素质人才打下坚实的基础。

7. 学生的创造性思维及培养

对学生而言，只要不是模仿照搬别人的做法，而是运用已有的知识经验，经过独立思考，在教师讲授或自己学习的基础上有新的理解，以至于有独到见解；只要能发现不同于教科书、不同于教师的解题方法和学习方法；只要能运用已知解决实际问题且具有新颖性、独特性均属创造性思维范畴。

学生创造性思维的特点

学生创造性思维的特点分为表现特点和发展特点两部分。对学生来说，其创造性思维主要表现在学习活动中，这种表现是零碎的、隐隐约约的，教师必须有锐利的眼光才能发现。

（1）知识和技能

学习中能很好地理解和记忆教师的教学内容，且有较独特的观察方法和强烈的好奇心；有时会提出一些老师一时无法回答的问题；喜欢探讨问题和做作业，并从自己解题中得到满足；学习上有不服输的精神，且有自己的努力目标；不太看重分数却迷恋于自己的爱好；成绩不一定最好，但对小制作特别有兴趣，动手能力较强。

（2）坚持性

把指定的任务作为主要目标，用急切的心情去努力完成；在失败和困难面前从不气馁和退却；敢于发表意见并坚持己见；不怕别人讽刺；认为需要干的事就坚持干到底。

（3）反应性

具有敏锐的观察力、较强的综合和推理能力，对成人的建议和提问都能作出积极反应。

（4）对挑战的反应

乐于处理比较困难的问题；敢于向不同意见挑战，不喜欢唯命是从；对教科书中的知识和老师的意见，总是批判地吸收，从中发现问题。

（5）敏捷性

对学习和生活中的事件能迅速作出反应，并得出结果。

（6）口头表达

善于正确地应用众多词汇，虽不一定善于辞令，但只要他深思熟虑的思考问题，总能较为妥贴、深刻地表达。

（7）深刻性

相对于同龄人而言，比较能透过现象看到实质；善于发现事物产生的深层原因；善于预测事物发展的结果。

（8）灵活性

能由此及彼地考虑问题；能根据具体情况摆脱自己的偏见，修正自己的观点；善于用他人长处。

（9）独创性

喜欢独立思考，能举一反三，善于从多角度看问题；具有发散和一题多解的思维特点和习惯；不轻易问老师问题，不满足于现成答案，常常要问为什么；能够用新颖或异常的方法解决问题；有时喜欢标新立异。

（10）想象力

在学习上善于大胆想象和提出假设，不断发现新事物、新问题和新结果；有良好的联想和直觉思维能力；喜欢幻想以至异想天开。

（11）推理能力

能够把给定的概念推广到比较广泛的关系中去，能从整体的关系中去理解给定的材料；有特殊的方法寻求各种相关因素之间的关系，控制排除各种变量；有初步的类比、联想、迁移能力。

（12）兴趣情绪

对各学科和活动都感兴趣；自信心强，情绪稳定。不患得患失，有幽默感。

学生创造性思维的发展特点

（1）思维的独立性不断提高

随着身心发展的逐步成熟，小学生已逐步从具体形象思维向抽象思维过渡，特别是到了少年初期，对教师、家长和其他成人的依赖不断减少，独立思考、独立操作能力不断提高，开始有主见起来。

（2）思维的批判性不断提高

小学生特别是低年级学生，对教师、家长和书本的依赖性比较强，认为只要书上写的、老师家长讲的都是正确的，都全盘接受。随着各方面的逐步成熟，他们发现老师家长讲的、书上写的不一定合理和科学，开始批判地接受了，表现在学校，就是对老师上课评头品足。

（3）思维的深刻性不断增强

低年级学生主要是具体形象思维，看问题比较浅，到了五六年级，便出现了初步的抽象思维，逐步能透过现象深入事物的本质，已能预见事物的结果。

（4）思维的发散性不断增多

低年级学生知识少，经验不足，方法欠缺，思维方式主要是求同思维。随着知识经验的不断增多，特别是从三四年级开始，他们已经能够从多角度思考问题。由于受定势和习惯的束缚较少，异想天开的新奇念头经常会出现。如果引导得当，发散性思维的发展是比较快的，是培养发散性思维的最佳时机。

（5）思维的能动性不断提高

低年级时，主动思维较少，大多是被动思维，也就是思考的问题都是由老师提出的。到了三四年级，特别是到了五六年级，学生主动思维开始急剧增长。他们不断认识到创造对象的作用、意义和价值，好奇心和创造意识日益浓厚。

学生创造性思维的培养方法

（1）创设创造性思维氛围

人的创造才能不是天生的，而是后天习得的。一个人创造才能的形成和发展，除个人努力外，还有赖于教育和环境的影响。良好的创造氛围，可以促使创造人才成群出现；不良的甚至恶劣的氛围，可以扼杀创造人才的出现。为此，学校必须做到两点，一是要正确认识并正视对创造性思维的培养，二是必须改变历来偏重于传授知识的培养目标，把重心转到培养学生求知欲、独立性和创造性思维上来。

（2）培养学生敏锐的观察力

大凡具有杰出成就的科学家、艺术家和政治家，无不具有敏锐的观察力。我们要保护好小学生强烈的好奇心和求知欲，这是观察的原动力。要教会他们观察的方法和技巧，引导他们去观察社会、观察大自然，让他们在观察中发现问题、提出问题，使他们的创造性思维得到更多的锻炼和发展。

（3）教会学生联想和善于想象

培养学生联想和想象是发展学生创造性思维必不可少的条件和重要内容。爱因斯坦说："想象力比知识更重要，因为知识是有限的，而想象力概括着世界上的一切，推动着进步，并且是知识进化的源泉。严格地说，想象力是科学研究中的实在因素。"在大胆鼓励学生展开想象的同时，要丰富他们的生活经验，给他们提供自由想象、独立思考的情景条件，鼓励他们大胆幻想。

（4）教会学生发散性思维

教师在教学中要多组织一些一题多解、多路思考的活动，看谁想的办法多就给予鼓励和肯定；也可以对语文课上的结尾进行扩散性思维。特级教师钱梦龙说："教学的艺术就是想方设法鼓励学生的艺术。"他有一句名言：我提的问题没有标准答案，怎么想就怎么说。

（5）培养学生的独创性思维。

在科学殿堂里，大凡能登上一席的，往往都是一些标新立异者。他们往往独辟蹊径，自成一家。对小学生来说，要培养他们敢于坚持自己的观点，敢于向权威挑战的精神；尽量引导学生突破定势的约束，推陈出新，不落俗套；要尊重他们不同寻常的提问、想法。

（6）培养学生的操作能力。

操作能力对检验创造性思维的正确与否有着重要作用，几乎所有发明家都从小自己制作各种模型。牛顿小时候喜欢制作风筝等，爱迪生小时候喜欢实验。应鼓励学生创造性地制作各种学具，对特别爱好者要给予重点培养

学生创造性思维训练方法

（1）流畅性训练可具体分为：用词流畅性训练，如在一定时间内尽可能的多用一个字组词。联想流畅性训练，如在一定时间内尽可能多的说出一个词的尽义词或反义词。

观念流畅性训练，如在一定时间内尽可能多的说出满足一定要求的观念，即提出尽可能多的解决问题的方案，或迅速列出属于某一类型的事物。表达、流畅性训练，如按照句子的语法结构和语意要求，运用尽可能多的词汇造出一个句子来。

（2）变通性训练可具体分为

物体功能变通性训练，如在一定时间内尽可能多的列举出一些普通物体如伞，粉笔等的用途。

遥远联想变通性训练，如训练学生能在意义距离相隔甚远，表面看似不存在联系的事物间建立新联系。问题解决变换性训练，如要求学生解决一系列问题，而其中每个问题的解决都需要运用一个

不同的策略，从而增强思维灵活性的意识。

（3）独特性训练可具体分为

命题独特性训练，让学生对给定的一段故事情节给出一个适当又富有新意的题目，并且越新学好。后果推测独特性训练，如给出一些短的故事或寓言，但缺少结尾，要求学生以独特的结尾来完成这些故事或寓言。问题解决独立性训练，让学生对所提出的问题尽可能用独特的方法去解决。

知觉思维训练，创造性思维常常以知觉思维的形式表现出来。知觉思维训练的方法主要有：鼓励学生大胆猜测，大胆假设；展开合理想象，即兴回答问题；教给学生捕捉知觉的方法，如即时记下一些偶然出现新异念头等。形象思维训练，形象思维虽然是人类思维发展的较初级形式，但是他在创造性思维中却占有重要地位。其主要的训练方法是"接触自然"，即到自然中去，接触各种各样的事物，通过接受自然对视、听、嗅、味，触等方面形象的陶冶提高对事物的敏感性，促进形象思维能力的发展，培养创造力。

8. 在素质教育中培养学生的创造性思维

未来社会竞争的一个重要方面将是创造力的竞争，所以国际教育界把 21 世纪作为"创造教育"的世纪，把培养学生的创造性思维能力作为教育的重中之重。那么，在小学教育阶段，如何培养学生的创造性思维能力呢？

激发学生兴趣，增强创造性思维的内驱力

兴趣是人的一种带有趋向性的心理特征。一个人当他对某种事物发生兴趣时，他就会主动地、积极地、执著地去努力，去探索。

激发兴趣的方法很多，如加强思想教育，增加学生的义务感和责任心；悬念性的导语，新奇的课堂教学形式，层层剥笋地挖掘课文中的新意；发挥学生的主体作用，使之品尝到发现的喜悦等等。

鼓励探索求异，培养创造性思维能力

创造性思维有好多形式，如多向思维、侧向思维、逆向思维等等。教师在教学活动中，应当发扬教学民主，积极引导学生进行多种思维形式的训练，逐步提高学生的思维能力。例如讲授《一个苹果》的时候，一个学生忽然提出这样一个问题："一个苹果传了一圈只吃了一小半，那剩下的大半个苹果到哪里去了？"课文中没有交代，老师顺势把这个问题"踢"给学生。大家议论纷纷，提出了好多设想。老师又引导大家对这些想法进行比较、评论，否定了那些不合情理的，肯定了那些新颖合理的。于是，在从"发散"到"收敛"的过程中，锻炼了学生的创新思维，加深了学生对课文的认识。

在讲《称象》的时候，有个学生问："曹冲的方法是怎么想出来的？"大家议论纷纷，不得要领。老师有意培养学生的侧向思维能力："鲁班被叶齿拉破了手而发明了锯，人们由鱼鳔的功能而发明了潜艇，我们看看前几段，想想曹冲可能是受了什么启发？"读书后，有人说，曹冲是受了蠢官员的启发。官员在讲到称的时候，曹冲想，秤杆子有记号，能知道象的重量，我在船舷上刻下记号，不是可以称象了吗？有人说，官员在谈到宰象的时候，曹冲想，把象宰成一块块的可以称量，石头也是一块块的，能不能代替象呢？虽然结论不同，但都有道理，老师都予以肯定。

还有一次讲《小马过河》，当归纳出全文的主旨"凡事都要亲自试一试"时，有个同学忽然提出不同意见："老师，有些事是不能试的，有些事是不该试的。"逆向思维，正是产生新观点的大好时机。老师马上问："请大家说一说，哪些事是不能试的，哪些事是不该试的？"同学们一下子兴奋起来，说了好多。学生的意见和课文的

结论结合在一块，一个更为全面的观点就此产生了。

采用多种教法，培养学生的想象能力

想象能力是创造性思维能力的一种，思维活动中如果没有想象的参加，智力的开发，艺术的创造，科学的发明就都难以进行。在小学语文教学中，培养学生想象力的方法多种多样。例如在阅读教学中，教师通过启发引导，把学生的思维带到作者所描写的意境中去，使之如临其境，如见其人，如闻其声。在教《月光曲》时，教师先打开录音机，让学生欣赏《月光曲》中表现大海平静的一段音乐，启发学生边听音乐边想象大海的平静和美丽。然后，再播放《月光曲》中表现海面上波涛汹涌的一段音乐，让学生继续想象：海面上发生了什么变化？波涛汹涌的具体情景是怎样的？最后，让学生把整个乐曲连起来听一次，启发他们边听边想象：贝多芬在弹这只曲子的时候，开始是那么优美平静，后来为什么发生了那么大的变化？当时贝多芬是什么样的心情？这样，课文为想象训练提供了材料，想象训练又使学生加深了对课文的理解和对人物感情的体会。

除此之外，还可以通过创造性复述，续编有悬念的故事结局，编演课本剧，看图说话，想象作文等方法来培养学生的想象能力。

开展创造性的课外活动

创造性课外活动是指学校在正式课程以外，为培养学生的创造力而实施的各种有意义的教育教学活动。如编故事、演节目；写日记、出书办报；知识竞赛、脑筋急转弯；剪纸、折纸、雕塑、拼贴等手工制作；开展"当我长大了"、"假如我是……"主题演讲会；为班级、学校或村镇出谋划策，规划一所学校、游乐园、街心花园，并做出模型、绘出草图等等，都属于常见的创造性课外活动。组织指导这些课外活动的时候，教师一定要转变观念，尊重学生的个性，珍视学生的创造，千万不要用一个模子去套所有的学生。在活动的过程中，或活动结束后，教师要及时总结，表扬那些富有创意的观点、作品或行为，

让学生养成开动脑筋，创新求异的思维习惯。

《中国教育改革和发展纲要》提出："世界范围的经济竞争，综合国力的竞争，实质是科学技术的竞争和民族素质的竞争。"这使人们普遍认识到，人才问题是建设事业中的第一重要问题，而教育的使命是培养具有创造发明能力的人才。因此，数学教学必须着眼于创造性思维的培养。如何培养学生的创造性思维呢？

（1）创设问题情境

创设问题情境，诱发创造性思维学生的创新意识往往来自于一个对学习者充满疑问和问题的情境。创设问题情境，就是在教材内容学生求知心理之间制造一种"不协调"，把学生引入一种与问题有关的情境的过程。通过问题情境的创设，为学生提供持续疑问、独立思考、积极发表独立见解的良好情境，从而诱发创造性思维。经常如此，学生才能迈进创造性思维的大门。

定了学生的正确想法，并表扬学生认真思考的好习惯。接着我再问："还有其它方法吗？"

比如：把 360 − 70 看作是 36 − 7，它们的末尾相同的'0'怎么处理？"最后讨论得出：把 360 − 70 看作 36 − 7 = 29，然后再在得数的后面加上它们末尾相同的一个"0"就是290。由于给学生创设了问题情境，使他们在寻求解题途径时能敏锐地发现问题，从而诱发了创造性思维。

（2）鼓励想象

鼓励想象，培养思维的跳跃性创造性思维应具有异常、新奇的特点，教师有责任尊重学生的创造精神，鼓励他们大胆想象，培养思维的跳跃性。

例如：教学"千克与克"的认识时，有一道练习题是几个鸡蛋是 1 千克。课前与几个科任讨论的答案是 10—20 个。但是有的学生说："老师，有没有大个的鸡蛋，或者很小个的鸡蛋呢？如果有的话，假如是大个的，那么6—10个也对；如果是小的话，就会超出20个了。"

（3）提倡多角度思考

提倡多角度思考，培养思维的立体性创造性思维具有立体性的特点，表现为一种不依常规，寻求变异，从多角度，多方向去思考问题，寻找答案。数学教学中的一题多变、一题多解都是教养立体思维的方法。

经常这样训练学生，学生的思维就有了广阔的天地，任其邀游，必然有利于思维立体性的形成。创造性思维是时代的产物，也是推动时代发展的动力。数学教师除了在课堂教学中加强创造性思维培养外，还需要注意给数学爱好者安排创造机会，这样才能弥补课堂教学的不足，如开设数学讲座，举行各类数学比赛等，激发他们的创造欲。

9. 综合实践活动课中对学生创造素质的培养

综合实践课是学生个性发展、创新精神培养的有效途径。它是在老师组织、指导下，同学自己进行的综合实践活动，是提高学生综合应用知识的能力，增长意识的课程。综合实践课程具有实践性、趣味性、自主性、创造性、开放性、灵活性等特殊性。

综合实践活动课中培养学生的创新精神

（1）以学生为主体，放手让学生思维

教学中启发创造性思维，培养人才，这和发现式学习分不开。不论是学生独立发现，或是教师指导发现，学生皆系主动地参加学习，探索途径，以求达到学习的目标。综合实践活动的教学要立足学生的学，要精心设计教学过程，要研究外部的刺激与头脑内部的思维活动。教学中，利用启发性的提问、追问等形式，激发学生的兴趣，做到明理清楚，促进学生的求知欲，引导学生开展探究活动。使学生不断产生对事物的探索、发现、想象和表现的欲望。使学生广泛和深层次地参与到教学中来。

教师要从学生的实际出发，在工具、材料的准备上给学生创造条件，任他们选用，激发他们的创造热情。教师在教学中既要发挥主导作用，又要能调动学生的自主学习的积极性，激发学生的兴趣，启发他们的思维，引导他们面对操作任务进行观察，分析，找出规律，选择方法和工具，启发他们知道做什么，怎么做，为什么这样做。让他们充分体会到自己是学习和实践的主人，感受到实践的艰辛和获得成功的体验，感受到成功的乐趣，进而感受到自身价值与劳动的价值。

（2）加强综合实践活动的合作教学

现代教育的四大支柱是培养教育学生学会求知、学会做事、学会共处、学会做人。其中学生合作教学是综合实践课的特征之一。教师根据活动资料内容，课堂教学要采用多种教学形式和方法，为学生提供合作学习的条件与环境，可以两人合作，也可以小组合作。让他们在活动中学会与同学共处，学会团结互助，学会分工与合作，在活动中与人为镜，获得有关实验态度、意志力、操作方法和良好的行为习惯等方面的种种补益，这样有利于实现自我教育和主动的发展，也有利于培养学生创新能力和小组合作意识。

教学中，教师应为学生创设讨论、交流的情境，通过合作、意见交流、辩论等形式，促进师生、生生的沟通互动，使学生从不同方面、不同角度来看待问题、解决问题，在自己建构的基础上，通过对不同意见的聆听、理解、接纳、赞赏、争辩、互动，使学生不断修正自己的见解，更主动、更完善自己对知识的建构。

（3）激发学生兴趣，培养创新意识

教育学、心理学研究表明：创新性因子孕育于童年期，潜藏在学生的兴趣之中，或者说是从兴趣中滋长。这是由于学生的个体经验小而零散，他们的思维没有条条框框的约束，因而比成年人的思维更大胆、更丰富、也更具个性。所以作为教师，要充分认识到这一点，在综合实践活动课的教学过程中，激发学生的学习兴趣，运用学生乐于接受的教学方式来满足学生积极学习的心理需要。激发学生学习兴趣的方法很多，教师要从实际出发，运用学生乐于接受的教学形式，满足小学生积极学习的心理需求。

课堂教学要让学生充分表达自己的知识经验和见闻，表达自己的观点和想法，鼓励他们新颖的创意。允许他们按照自己的构思和设计显示独特的操作方法。使他们有表露情感和实践的自由。同时指导他们全面、深刻地认识事物，学会观察、分析、比较和联想。鼓励他们应用已有的知识经验完成劳动任务，帮助学生从多角度移侧面来审视要研究的实验问题。通过多种形式，使学生了解科技的发展与变化，了解新材料与新方法、新工具。

积极探索创造教育新路子，使创造教育从劳技课传授向各学科广泛渗透，既充实了教育内容，提高了教育层次，又扩展了综合实践创造教育的内涵，以培养创新精神为核心的素质教育全面实施，必将奏出教育现代化最响亮的音符。

综合实践活动课中培养学生的创造能力

（1）培养好奇心，激发求知欲

好奇心和求知欲是激发创造活动的诱发剂，也是进行创造性活动的原动力。由于小学生好胜心强，渴望独立思考得到结论。因此教师可以结合教材内容来创设能引起观察、探求知识的教学情景，来激发学生的好奇心和求知欲，让学生去发现和找到问题答案。

（2）放手让学生实践，发散学生的思维

创造思维虽然是一种复杂的高级心智活动，但大量的思维研究表明：每个人都蕴藏着无限的潜在创造力，而相信学生又是发展创造力的兴奋剂，所以在活动课教学中，教师可结合教材把学习的主动权交给学生，多给学生一些实践操作的机会，多一些成功的体会，驱使学生向无数次的成功前进。

（3）培养学生的想象能力

由于想象能力也是培养学生创造素质的基础，因此在教学中，教师首先要给学生提供丰实的感性基础，才能促使学生大胆的想象。

通过教学，我感到要培养学生的创造素质，必须从娃娃抓起，让他们从小学会观察、分析，放手让学生多实践，多一些活动的空间，多一些表现的机会，多一些成功的体会，只要我们注意培养，方法得当，就会使学生的创造素质得到较好的培养。

10. 创造性教学模式与素质教育的联系

现代教育教学改革就是要培养创造型人才，而创造型人才与物理教学有着密不可分的联系。物理教学强调基础知识，基础理论，基本技能的三基训练，当前教学改革提出变应试教育为素质教育，这是因为面对科学的迅猛发展与激烈的社会竞争，物理教学只有转变、更新观念，要在创造性教学模式下，推动素质教育和创新教育的发展，通过实验教学培养学生的创造性思维，通过教学开发学生的智能，否定单纯的知识传授，使学生获得运用知识和扩展知识的能力，使学生掌握循序渐进的原则，由探究未知到促成创新，逐步建立创造思维。

创造性教育模式，就是要改变传统教学中的一些做法，运用创新的观念和理论指导教学，以此将教学内容，化为实际操作方式，在必要的组织制度下，激发学生的创新意识，培养学生的创新精神和创新能力，目标是弘扬教学的主体性，使学生积极健康的主体地位得以提升，使其主体创造性和实践能力不断发展，从而提高学生的创造素质。

创新教育是以培养学生创新素质为目的的教育，是素质教育应有的内涵。作为一种教育理念，无论人们有着怎样不同的理解，但有一点是共同的，其实质在于培养人的创新素质，实现全体发展、全面发展和创造性发展。创新教育不但是一次教育理念的创新，更是培养创新精神和创新能力的教育实验。创新素质包括创新的动力系统、认知系统、个性系统和行为系统。创新教育代表着一种先进的学校文化。推进创新教育的过程就是进行教育自身改革和创新的过程。

随着素质教育不断推向深入，培养学生的创新能力已经成为我国推行素质教育的重点。创新教育作为实施素质教育的关键，不但是知识经济时代和社会发展的需要，也是应对日趋激烈的国际竞争和人全面发展的需要。目前传统教学中落后的教育观念和方法仍妨碍学生创新能力的培养。因此，在物理教学中要充分发挥学生思维的主体性，改革实验教学，开展研究性学习，促进学生创造性思维的培养，提高学生的创新能力。

在物理教学中，如何在科学的创造性教学模式下，使素质教育和创新教育有机的结合在一起，使学生的科学创新精神、探究能力、创造能力得到进一步的提高，使学生充分发挥自己的潜能，创造性思维和意识得到培养呢？

注意在课堂教学中进行创造性思维能力培养

教法要因人而异、因课、因时、因地而多变尤其是必须反对"满堂灌"、"传送带"式的教法，要给学生尽量多的自由时间去激发与运用他们的想象力、创造力。比如通过提问来激发学生的逆向思考能力，即与通常的思维程序相反的一种思考方式，不是从原因来推知结果，而是从相反的方向展开思路，分析问题，从而得出结论。例如：匀减速运动可看成匀加速运动的逆过程，竖直上抛运动可看成自由落体运动的逆过程。

课堂提问和答案均不必完全局限于教材，但必须以学生的知识经验为基础。问题要有多样化的类型，除常用陈述型之外，多采用一些列举型、比较型、组合型、想象型、类推型、剔除型等，必要时可提供一些激发性情境，灵活运用各种教学媒体，诱发他们的创造力。比如，绳子的一端固定，另一端系一小球，使小球能在竖直平面内做圆周运动。问小球在最低点的速度至少要多大？对这个题目可作多种改变，成为很多相关问题。去掉绳子，让小球在光滑圆形轨道内侧运动，讨论小球在最高点对轨道的压力；把绳子改成杆子，小球在竖直平面内能完成圆周运动，小球在最低点的速度至少要多大；把小球变成汽车，过半圆形拱桥，过桥顶时对桥的压力；将小球放在处于竖直平面内的圆管中，且圆管内光滑，小球在圆管内做圆周运动，过最高点时对管的内壁、外壁压力的变化；在空间加电、磁场，讨论绳子拉力变化。通过类似训练，让学生根据事物间某种联系解决问题，培养学生的侧向思考能力。

课堂教学中，除了透过教师的讲、问，学生的思、答之外，还可以通过学生之间、师生之间以班级或小组为单位的"脑力激荡会议"的方式来激发学生的创造力。一个学生产生一个构想，不但引发了自己的创造力，而且也同时引起其他人的想象，产生一连串反应。在脑力激荡的过程中，大家彼此接纳，没有压迫感，没有挫折感，因而这种方法的效果非常好。

学生表达自己新颖、独特想法的渠道不应仅限于语言、文字、肢体运动等多种渠道，以喜闻乐见的或闻所未闻的方式来展示自己的思维产品。表达方式的独特性与思维方式、思维成果的独特性一样，都是学生创造力的表现。

抓住实验教学培养学生的创造性思维

物理是一门以实验为基础的自然学科，它与社会生活联系紧密，以物质的结构、物质之间的相互作用和其运动变化规律为研究对象，具有科学性、实用性、趣味性等特点。因此物理实验在教学中对于学生培养创造性思维具有极其重要的作用。

认真做好每一个演示实验，挖掘实验素材，创设问题情境，有的放矢地设疑问，让学生带着问题去观察、思考，激发学生的学习兴趣。尽可能将一些演示实验改为教师指导下的探索性和验证性实验，培养学生认识事物、掌握知识的方法。把演示实验改为验证性和探索性实验，在激发学生的创新欲望，培养他们的创新能力等方面所起的作用是演示实验无法取代的。

改进演示实验，培养学生的创新能力。学生对物理实验很感兴趣，尤其喜欢亲自动手实验，根据学生这一特点，我们把易操作的演示实验改为边讲边实验，且对每一个实验五环节，每一个细小的动作，都必须规范操作，从严要求，真正达到实验的目的，让学生掌握做实验的要领和技能，达到操作规范、准确，培养学生严谨的科学素质。

创造条件，培养学生的实验能力。对于个别爱做一些非指定性的实验学生，要保护他们探索的积极性，因势利导地指导他们选择和开展一些探究性实验。为了做好这方面的工作，还可以采取课后开放实验室的办法，让学生根据提出的课题，做自己感兴趣的实验。

搭建一个自由的创造性学习的平台

优化的课外实践活动，则是学生创新兴趣得以表现和发展的极佳时机，积极开展科学课外实践活动，将课内知识延伸至课外研究，有利于培养学生的创新精神。

（1）鼓励学生勇于实践

给学生一个实践机会，他会创造出一些奇迹来，知识不是与生俱来的，是人们在长期的社会生产实践中逐渐发现创造出来的。教学时，为学生提供大量的实践机会，通过实践获取知识，这样才能切实提高学生的创造能力和实践操作能力。

（2）鼓励学生创造、自制学具

在科学课堂教学中，有些学具要求学生课外制作。教师在课内进行启发指导，充分发挥学生潜在的创造制作能力，鼓励学生大胆探索、实践、培养学生的创新意识。

（3）开展实践创新竞赛活动

课堂教学是根据教材规定的内容进行的，不可能考虑到每个学生的差异。所以学生的主动性和创造性难免受到一定的限制，而在课外科学实践活动中，学生则很少受到限制，能充分发挥自己的特长。为进一步激励学生的创新意识，组织学生进行小制作、小创造比赛，有利于调动学生的积极性。

充分利用现代教育技术，促进教学模式的现代化

现在的课堂教学中，教师通过媒体向学生传递信息，学生利用多媒体创设的情境进行协作学习，通过媒体向教师反馈学习信息，实现师生之间、学生之间与教材之间的信息交往，达成教学目标。使学生在课堂这个有限的空间、时间里打破地域界限去认识教材中出现的事物，达成知识领域、动作技能领域和情感领域目标。

利用多媒体系统的声音、图像压缩技术可在短时间内传输、储存、提取或呈现大量的语音、图形、图像，活动画面信息。那课堂就不再局限于一间教室，而把课堂空间扩展到天涯海角，上下五千年，给学生展现古今中外的客观事物，大大缩短认识过程，起到呈现事实，创设情景，解释有所不同，设疑思辨，动作示范的作用。从而激发学生学习兴趣和求知欲，使学生由"学会"变为"会学"，

由"要我学"变为"我要学"，促使学生素质和创新能力的全面发展。

11. 地理教学中培养学生的创造能力

学校教育发展到今天形成了自身的传统，它以班级授课作为基本的教学组织形式，在知识教育方面基本上只是一种继承性、接受性的教育，而十分缺乏对已有知识进行批判和改造的态度。在学生行为养成上主要是一种规范性、约束性的教育，而不能宽容多样性和与众不同，而仅仅以传递和继承人类已经创造的文化科学知识作为中心工作，过分追求学习成功和考试分数，重视评价学习结果而不注意评价学习过程、学习方法及解决问题的独特性，即教学生接受已有的知识被很多学校当作教育的最终目的。这种教育虽然形成了有利于学生掌握书本中系统知识、发展认知能力和养成顺从守规的行为习惯的优势，但不利于促进学生形成创造能力，容易滋生许多阻碍学生创造力发展的因素。

教师教育观念的转变是实施素质教育的立足点

（1）明确地理教学的目的

面对科技高速发展的挑战，以及日益严峻的全球性人口、粮食、资源、环境问题的困扰，需要有符合21世纪的地理教育来提高公民的素质，在地理教学中让学生认识到，增强民族创新能力是关系到中华民族兴衰存亡的大事。因为一切竞争都归结为人才的竞争，但人才竞争的关键是创造力的竞争，地理教育在培育民族创新精神和培养创造性人才方面，肩负着特殊使命。

（2）大力倡导和实施能激发学生创造性的教育

时代的发展要求人们去思考传统教育的得与失，要求大力倡导和实施创造性教育。因此必须转变那种妨碍学生创新精神和创新能力发展的教育观念、教育模式，特别是由教师单向灌输知识，忽视学生智能的发展；以考试分数作为衡量教育成果的唯一标准；以教师和教材为教学的中心，忽略学生在教学中的主体地位；注重学习的内容、结果，而忽视学习的方法和过程。最终把课堂教学力度转移到如何培养学生创新思维和动手能力上来，因为世界一些工业化国家已步向知识经济社会。在知识经济时代，信息和知识将成为最重要的资源，创新能力将成为最重要的经济发展因素。

（3）在地理教学中落实培养学生的创新能力

培养学生的创造能力就是培养学生触类旁通的有创见的思维和创造个性，落实到地理教学中，则是让学生懂得人类活动与地理环境的密切关系，树立人地协调发展的思想。并通过提高课堂教学质量来减轻学生沉重的课业负担，让学生有时间和空间去充分的思维，把学生的视野延展到课本之外，鼓励学生在认识、了解自然与社会的过程中形成创新思维，在怎样解决人口、粮食、资源和环境问题上能够敢于开拓，多方面培养学生的创造性品质。

因此，我们必须"以提高民族素质和创新能力"为重点，教师应首先从思想观念上进行根本的转变，把提高学生自学能力、掌握地理基本技能、运用地理基础知识和基本原理解决问题的能力作为地理教学的根本任务，使学生树立正确的人口观、资源观、环境观和可持续发展观念，通过地理教育教学，推进素质教育的全面实施。

教师自身素质的提高是实施素质教育的基础和前提

要培养高素质的人才，就必须有高素质的教师。

（1）加强教师职业道德素质

教师的职业道德是教师的世界观、人生观、价值观的体现，主要包括教师的职业行为规范和思想品质规范，教师的职业道德在教育过程中对学生具有重大的影响力。教书育人、为人师表是教师职业道德的核心内容和本质要求。其内容涵盖教育政策、法规、道德修养和心理品质以及治学态度等三方面。

教育工作是一种以人格培育人格、以灵魂来塑造灵魂的劳动，是一种"做人"与"育人"密切联系、内在统一的劳动。"学高为师，身正为范"，只有具备崇高的职业道德，才能认识到自己从事的事业对祖国和人民是一种不可推卸的责任，才能献身于教育事业，钻研业务，并能营造一种宽松、民主、自由的环境，鼓励多样性、与众不同、标新立异、独立性和个性，激励学生充分想象、批判、创造。

（2）加强教师的文化素质

现代社会，衡量个人素质的主要标准已突破了知识的范围，更注重创新素质。素质教育中科学素质十分重要，在强调其它方面素质时，不能以科学素质和科学教育的弱化为代价，在高度信息化、科技化时代，需要倡导的是包含科学素质的全面素质。因此教师不仅要掌握所教学科的专业知识，还要掌握相关学科的知识，因此，我校教师在领导的支持下争取了学习深造的机会，以拓宽自身的知识面，同时观摩不同学科教师的教学，并进行经验交流，努力突破自己的学科界限来选择和运用教学方法，掌握其它学科的教学技巧，并能恰当地运用到本学科的教学当中。这样，才能适应 21 世纪现代化教育的需要。

（3）提高教师的现代化教育理论水平

实施素质教育对教师的教育素质提出了更高的要求，因为教师的职业技能是靠教育理论来指导和提高的。因此，应加强教师教育理论素质的提高，使教师掌握现代教育科学理论，用现代教育理论指导素质教育的实施，分析和解决教学实践中出现的问题，提高和改进教学方法。

常言道："学而不教则荒、教而不研则浅。"21世纪需要的不再是仅仅能教书的教师，而是集教书、科研、管理等多种功能于一身的复合型教师。教师不仅会分析、钻研和思考，还要会实验、会写论文，不懂教研的教师是不合格的。所以要注意教育理论的学习，培养自己学习和运用理论指导实践的习惯和能力。只有这样，才能教书育人，培养出适应现代要求的人才。特别是教师应能运用计算机这一现代教育技术手段，它具有节省教育时间、提高教学效率、扩大教育途径和范围等空前巨大的作用。不仅如此，它还给学生理性思维能力的提高提供了前所未有的有利条件。

（4）加强教师职业能力的培训

教师职业能力是一项综合能力，是教师基本素质的综合体现。它包括书写能力、动手能力、指导能力、自学能力、研究能力、创新能力、组织能力、协调能力、竞争能力等各个方面。作为地理教师在此基础上还应具备绘图能力、观察能力，有些能力学生时代已经具备，但更多的是在教学中不断提高长进的。具备了这些素质才能得心应手，完成素质教育的任务。

课堂教学是培养学生创造能力的主阵地

根据现代社会发展对教育的要求和学生个体成长的规律，应将创新素质的养成过程看成个体成长的全过程，课堂教学是这个过程的重要部分，并以此为阵地，彻底摒弃填鸭式的教学方式，采用多种形式的教学活动培养学生的创新素质，并积极鼓励通过课内外活动开展各类创新活动。

（1）在课堂教学中注重培养学生的好奇心

好奇心是对所见到的不了解而又向往了解的事物和现象的一种新奇感或奇妙感，好奇心是激发创造力的动力，地理科学是以自然环境和人地关系作为学习研究的对象。在培养学生好奇心方面具有得天独厚的优势。为了培养学生的好奇心，首先我们指导学生广泛阅读与地理学科相关的课外书籍，培养其探索地理奥秘的好奇心和学习兴趣。

我国地貌学、海洋地质学家任美锷在青年时阅读美国著名地理学家鲍曼在一战后撰写的《战后新世界》后受到启发，认为学地理可以对国家大有作为，所以对地理发生兴趣。其次，可以播放和地理相关的影视作品，激发学生兴趣。目前音像制品有很多是有关人与自然、环保等方面的内容。还有电视作品诸如《科技博览》等都是极好的教育素材。

（2）教学中培养自信心引导学生大胆联想

为帮助学生树立自信心，坚持采用激励性评价以激发和保留学生的自信心。所谓激励性评价就是充分发挥教学评价的激励功能，使教学评价在正确判定教学状况的前提下，给学生以促进和鼓舞，激发学生向更高目标迈进的积极性和创造性。要鼓励学生相信自己，敢于表现自己，敢于直面困难并战胜困难。既使学生在学习中遇到困难和挫折，也要给予理解和积极鼓励，帮助他们分析失败的原因，发现他们身上的"闪光点"，鼓励他们树立学习的信心。同时应引导学生大胆联想，爱因斯坦曾说："想象力比知识要重要，因为知识是有限的，而想象力则概括着世界上的一切，推动着世界的进步，并且是知识进化的源泉"。

（3）注意创设教学情境，以引发学生质疑问

在课堂教学中，教师要善于启发、引导学生独立思考，创设独立思考的教学氛围，使课堂教学充满新意，以激发学生的创新思维。首先，应该设疑引思。思源于疑，疑问是思维的火花，有疑问才有思维，经过思维才能辨疑解难，有所进取，有所创新。教育心理学告诉我们：设疑能激发学生的学习兴趣，是一种能点燃学生思想火花，进而开发他们智力，激发创新的教学艺术。因此要努力尝试"以问题为中心"的教学。

设置因果性问题：在地理学科中，有很多地理事物具有前因后果，这一结果可能又是其他现象的原因的知识点：如四季和五带的形成是由于黄赤交角的存在，并导致昼夜长短和太阳高度的纬度变化和季节变化，而黄赤交角又决定于地球的宇宙环境及其运动状态。引导学生追究其根源的同时，不仅知其然，也知其所以然。

创新教育揭示，通过侧向思维，可以从某一事物的作用得到启示，从而产生新设想。地理学科是一门综合性的学科，教师要善于从地理教学中挖掘出一些具有侧向性思维的素材进行设疑，并通过学生的联想和类比推理训练，锻炼学生的创新思维能力。如黄赤交角增大或缩小，地球的四季或五带将怎样变化等类似问题。

客观事物都具有正反两方面，因此在教学中设置一些逆向思维的问题，以达到培养学生创新思维的目的。如黄河自东向西流会产生凌汛吗？青藏高原若在我国同纬度东部会有怎样的自然现象？青藏高原的海拔若降到 1000 米，新疆地区的气候还这样干旱么？从思维的心理过程而言，当你把思维的结果明白地告诉思维者时，他只有对客观现成的知识结论的认同，缺乏对知识的体验、领悟，思维的必要性就难以体现出来，创新思维就无从谈起。故教师在教学中应该设置一系列无法直接从课本中找到答案的具有探索性的问题，来激发创新思维。

（4）优化课堂教学，提高教学效率

突出创新教育的教学方法是教法和学法的统一。教学手段为优化教学方法、提高教学效果服务。突出创新教育的课堂教学，应精心设计教学过程，适当运用挂图、投影、标本及现代化的多媒体辅助教学方式，创设地理情境，增加课堂密度，适应学生的个性差异，达到因材施教。

积极培育融洽的师生关系

保证学生的心理自由是创新教育的基础。心理自由是指学生可以根据自己的意愿在没有心理负担与压力的情况下自主行动的心理状态。保证学生的心理自由，需要多方面的努力，但就目前现状而言，建立平等的师生关系至关重要。

传统的"师严而后道尊"在很大程度上将师生对立起来，使师生之间缺乏平等、和谐、民主的关系，教师成为传授知识的权威，而不是良师益友。对创新教育而言，师生关系的平等就意味着学生获得了在日常的学习生活中发现疑问的机会和解决疑问的可能。正如心理学研究个体进行创造的心理条件揭示的那样，一个人的创造力只有在他感觉到"心理安全"和"心理自由"的条件下才能获得最大限度的表现和发展。还有一些研究也表明，人在轻松自由的心理状态下才可能有丰富、自由的想象，创造思维中的灵感往往是在紧张探索以后的松弛状态下才会出现。相反，人在压抑、恐惧、紧张的心理状态下很难有所创造。按照心理学的研究，人的创造力的表现和发展要求有相应的环境。师生的对立必然压抑学生积极思维的愿望，学生必然成为教师传授知识的容器。人类创造发明的历史充分地证明了这一点。比如，在黑暗的中世纪，由于宗教对人性的压抑和对人的思想禁锢，欧洲人没有做出什么发明创造。而到了文艺复兴时期，随着个人价值、个性自由得到充分肯定，欧洲人的创造力勃发，涌现了诸如达·芬奇、哥白尼、伽利略、培根、莎士比亚等一大批创造发明和创新贡献于人类。总的来看，适宜于创造力生长的环境应该是宽松、民主、自由的环境。只有这样的环境才会容忍甚至鼓励多样性、与众不同、标新立异、独特性和个性。也只有在这样的环境中，个体才敢于甚至乐于想象、批判和创造。

以上几方面探讨在地理教学过程中实施素质教育的途径，目的就是创造和利用一切有利的教育条件，使学生主动地将地理知识、理论、技能、观念内化为自身素质。同时教师应明确，素质教育也是一种教育思路，相对于应试教育而言，强调教育要面向全体学生，促进学生全面发展，培养学生的自主学习能力和自我发展能力，进而形成创新思维和创造能力。所以希望教师在教学实践的基础上进行理论研究，积极开拓，使教育改革进一步深化，更利于全民素质的提高。

12. 学校创新教育与创新型人才的培养

创新是人类文明的源泉。人类社会在不断的创新中取得发展和进步，人类本身也通过创新获得不断的完善与提升，于是，大力提高民族的创新素质就成了一项重大而紧迫的任务，教育义不容辞地要担负起培养创新精神、发展创新能力的责任。

创新教育的任务

随着世界政治、经济、科技、教育全球一体化进程的加快，世界上国与国之间的竞争空前激烈。这种竞争实际上是创新意识和创新能力的竞争，是高素质创新型人才的竞争。

一个国家和民族，如果没有一大批富有创新精神的成员努力发挥创新能力，创造出一大批科技成果并及时转化为新的生产力，要自立于世界民族之林是不可能的。重大的科学发现、国际水平的科学成果以及众多的技术发明、知识创新，其本身就是国力强大的一种标志，也是一个国家和民族的荣誉，这一切的关键在于该国家和民族是否拥有众多的高素质的创新型人才。国家教育部负责人也明确提出，素质教育要以培养高素质、创新型人才为核心。创新对基础教育来说，不可或缺。创新教育的根本任务就是培养学生的创新精神和创新能力，为提高民族的创新素质服务，为培养高层次创新人才打下坚实的、丰厚的基础。简言之，创新教育的任务就是培养学生创新素质。

创新是一种综合素质，是一种积极开拓的精神状态和行为表现，是潜在能力的迸发，就其实质而言，是人的自由全面发展的结果。主要由以下三方面要素构成：创新人格，属动力系统，包括强烈的动机、不懈的追求和自主性、主动性、好奇性、挑战性、求知欲、坚韧性等；创新思维，属智能系统，包括思维敏锐性、流畅性、变通性、发散性、独创性等；创新技能，属工作系统，包括具备作为创造基础的基本知识技能，具有获取和利用新知识信息的能力、操作应用能力和一般创造技法等。

创新教育的任务就是培养学生的创新人格、创新思维和创新技能，其中以创新人格的培养最为重要。

众所周知，我们中华民族在古代曾以四大发明闻名于世，但在近代却建树不多。这是我们的压力所在，也是动力所在。现在，人们已经越来越认识到创新教育可以成为教育改革的一个突破口，可视其为教育改革的一个方向。只有创新教育才能培养出创新型人才。

传统教育不利于创新型人才素质的培养

长期以来，我国教育由于受根深蒂固的传统教育观念的影响，将教育定位在使受教育者在青年时期一劳永逸地获得一套对特殊行业和特定职位有用的知识和技术的观念上。因此，教育实际上是以知识和技术传授为主体，过分强调教育教学而忽视学生学习的主体意识和主体地位。这就明显表现出对学生创新素质培养的不足，致使创新教育在我国教育理论和实践方面令人遗憾地出现了许多空白，使培养出的大学毕业生大多数表现在理论上皓首穷经，实践上循规蹈矩；只能从业，不能创业；只会模仿，不能创新；同时也缺乏竞争意识和应变能力。

（1）传统教育限制了学生的学习主动性和自主性

教学计划中设置的每门课程都有详细完备的教学大纲，详尽规定了教学内容、课程学时，等等。）一方面，这些措施的作用在于它使人才培养有了统一的规格，在一定程度上保证了各校的教育教学有统一的质量标准。另一方面，这些做法也带来了消极影响，主要表现为只信强制，不信自觉；只讲约束，不讲自由；只讲严格，不讲宽容；乐于训导，却不善鼓励；乐于指正，却吝惜赞赏。其结果，师生关系多为管制和被管制的关系，教育气氛多呈紧张、沉闷、压抑状，学生的思想行为大都纳入了严格的管束之中，时间、空间大部分被强制性的"苦学"所占领。处于这样的教育氛围中，学生几乎失去了独立性和自主性。虽然，许多高校先后试行了学分制，表面上看有利于上述矛盾的解决，但到底能否解决学生个人才能的充分发挥，能否满足于学生在专业要求上的自我调节等问题，还有待于做出更多的、更深入的调研和探索。

（2）传统教育限制了学生的个性发展

传统教育培养目标单一，课程结构单一，教学渠道单一，重知识轻能力，限制了学生个性的发展，限制了"尖子"人才脱颖而出。在传统教育中，学生大都成为"配套学生"。广大学生对于让他们记忆大量的材料越来越表现出强烈的不满。有人说，现在的小学教育是"听话教育"，中学教育是"分数教育"，大学教育是"知识教育"。此话虽然有些绝对和偏激，但却道出了传统教育的弊端。在这种情况下，大学里为学生设置了越来越多的必修课程，最终把学生培养成为具有标准化个性的"人才"。应当承认，每个学生由于家庭、社会等生长环境的不同，其禀赋、志趣、性格等诸多方面是存在较大差异的，如果我们用固定的尺度和框框去要求学生，往往会使得很多学生在某些方面的专长得不到培养和发展。

（3）传统教育忽视了学生的全面发展

当前的教育计划，一方面是专业面狭窄（另一方面是培养书生型人才，将主要学习时间用于灌输书本知识，而不重视在业务学习的同时培养学生科学研究能力、创造发明能力、想象创新能力、组织管理能力、获取信息能力等等。）因此，我们培养出来的"好"学生，无论是在国外还是在国内，都有共同的特点：勤奋、刻苦，理论基础较好，但实际能力较差，缺乏开创局面、开发事业的能力。也就是说，他们只有接受知识的能力，缺乏应用知识和创新知识的能力，缺乏组织队伍、协作攻关的能力。不少学生在长期学习中习惯于"抱着走"，以至于丧失了创新意识，变成了"信息库"、"知识的容器"。

脑科学研究表明，逻辑思维、语言思维为左脑的功能，而非逻辑的形象思维、尤其是直觉思维和灵感、顿悟等，则属右脑的功能。左脑的常规性较强，而右脑却与创造发现关系密切。忽视形象与直觉的作用，显然对开发右脑、培育创新思维不利。

现代科学技术的高度发展，知识经济已初见端倪，使人类的生产活动从原来的劳动密集型向现在的知识密集型转化。生产活动和科研活动从高度的集中向更高层的分散转移。这就使得传统教育体系的弊端日益暴露，上面所谈到的仅是较为突出的几个方面。现代社会的发展、科学技术的进步、知识经济的来临，要求教育的智能从以继承为主转向以创新为主，从以传授知识为主转向以发展智力、开发创造力为主，从以训练标准化的个性为主转向以培养多样化的个性为主。

以创新教育实现对创新型人才素质的培养

所谓创新素质，概括地说，就是创新发明的能力；具体地说，就是创新意识和创新能力的统一。创新教育于20世纪40年代起源于美国，一出现就受到人们广泛的关注，它的诞生是现代社会和科学技术飞速发展的产物。然而创新意识不是每个人天生就有的，是要通过后天有目的地培养获得的，这是我们教育人士的重要责任。学校作为国家和社会培养人才的重要基础之一，其责任显得更加重要。

（1）激发学生的创新意识

创新素质的培养至关重要的是培养学生的创新意识。正如足球运动员的射门意识，没有旺盛的射门意识，便无从把握稍纵即逝的时机，也就不能破门得分。没有强烈的创新意识，便不能运用发散性思维获得"猜想"，创新活动便无从谈起。因此，我们应改变过去那种灌输式的教学模式，采取"为什么"和"怎么办"。每逢遇到问题时，尽量把问题留给学生自己去解决。鼓励学生全方位、多角度地去思考。要活跃大家的思维方法，从多个侧面、多个角度去审视问题，发挥联想的作用，训练学生把不同对象放在一起进行比较的能力。教会大家解决问题时，重视的不是"唯一"，而是乐意把握"所有"。

爱因斯坦说："如果让一位普通人在一个干草垛里找一根针，那个人在找到一根针后会停下来；而我会把整个草垛掀开，把可能散落在草垛里的针全部找出来。"墨守成规的思维只能指导重复操作，我们应引导学生摒弃那种依赖相同的程序解答各种问题的保守做法，教育学生树立"敢为天下先"的雄心，冲破创造发明不可攀登的思维定式，从而激发学生的创新积极性。历来，我们的教与学都太习惯于"定式"和"正向思维"，忽视"悬念"和"逆向思维"。这很不利于学生创新意识的培养。物理学家尼尔斯波尔说："如果你能把两种不同的思维结合到一起，你的思想就会暂时处于一个不定的状态，然后发展到一个新的水平。这种思想'悬念'使思考能力之上的智力活跃起来了，并创造出一种新的思维方式。"因此，我们在教学过程中，关键是要有效地调动学生的创新积极性，激发他们的新思想、新设计和对问题的质疑。

（4）完全自主式学习模式

让学生自己去寻找感兴趣的、想学习的东西。学生有了兴趣就有了学习动力，就会在学习中获得学习的喜悦和满足。学生一旦懂得自我主导学习之道，就不论在什么情况下都能走出自己的路来。学校的责任是配合学生的学习兴趣与要求，提供各种资源，包括必要时聘请校外专家给学生以指导。除上述自主创新性学习模式外，还可设置一些独立的创作性学习活动，如创新性作文、科技小发明、小制作、小论文等。

鼓励学生尝试创新。学生的思维是很活跃的，对同一个问题往往有不同的见解。但是由于受传统思想的束缚，学生们往往又比较胆怯，不善于表白。在教学过程中，教师应鼓励学生大胆各抒己见，这不仅有利于启发学生的思维，同时也可使学生加深对知识的理解。当学生发表自己的不同看法时，只要思路正确，教师都应予以肯定，保护他们的自尊心。教学中，应鼓励学生质疑问题，凡能提出问题的学生往往是善于思考的，努力给学生创造出一个轻松、活跃、讨论的课堂学习氛围，让更多的学生有胆量、有机会培养自己的创新意识，尝试自己的创新体验。

多途径培养学生创新能力

培养学生的创新意识和创造能力，一要坚持通才教育的方针，发挥理工结合的传统，倡导文理渗透。应当在众多知识中选择有内在联系的最基本的知识，构成能够吸纳新知识的知识结构框架，使学生掌握必要的再学习的方法，并能没有畏惧感地从一个知识领域跳向另一个崭新的知识领域。二要培养学生敏锐的观察力和丰富的想象力，这是培养创新能力基础。三要培养学生的创新性思维能力，勤于思考，善于思考，别出心裁，敢于冲破传统观念和权威的理论体系，敢于向错误理论挑战。具体应从以下四个方面入手：

培养学生探索自然奥秘的兴趣，让学生尽快接触科研课题和生产实际，进入到科学技术的前沿阵地去发现科技新问题，提出新方法。培养学生具有广博的科学文化知识，具有高度分化和高度融合的能力，具有多方面的知识和技能以及对科学领域中新事物的敏感性，能够洞察世界科技发展的动向。

加强国内外合作与交流，让学生到科技大舞台上去开阔视野和思维，汲取营养，施展才华，在交流中提高创新能力水平。营造民主、自由的学术环境和氛围，鼓励学生参与交流和学科间的交叉渗透，鼓励学生提出新思想、新问题和新方法，积极引导他们去实践，去创新。

通过创新评估提高学生的创新水平

学生有了创新热情、创新意识，创新的积极性便被调动起来了，而创新意识和创新能力的培养并不是一两天就可以见到效果的。所以，学生在创新活动中走弯路、甚至失败是在所难免的。此时，教师在教学活动中及时进行创新评估就显得十分必要了。它可以及时为学生指明一条行之有效的创新之路，教会学生创新不仅仅是新颖、独特，也存在着合理性、可行性、科学性，最重要的是效益性强的特点，创新评估应成为我们培养大学生创新素质过程中不可或缺的重要一环。

克服创新素质培养中的认识误区

被赋予了全新概念和意义的创新教育模式，是相对于传统教育模式而提出来的，是指建立在素质教育和学生个性发展的基础上，学校采取各种教育手段，培养学生的创新素质，提高学生创新能力和水平，最终以培养能适应21世纪需求的创新型人才为目标的教育模式。但它容易产生以下认识误区：忽视教师在教学中的主导作用；不注重基础知识理论的教和学；完全否定和摒弃传统的教育；无须再对学生加以管理。

这些认识上的误区应引起我们的高度重视。我们应充分认识到创新素质是培养综合素质的较高体现，创新教育的重要目的是开发学生的创造能力和创新素质。因此，我们不能孤立地看待创新素质教育。

　　总之，在根深蒂固的传统教育模式中实施创新教育是很不容易的，除了要有领导支持、同事理解、有关部门的配合外，还要克服学生的传统习惯，但要真正促使我国的教育"面向现代化，面向世界，面向未来"就必须这样做。当前，知识经济已日益被世界各国所公认，而创新能力正是发展知识经济必须具有的能力，同时知识经济也给人们提供了一个树立创新意识、创新精神的机遇。所谓知识经济，就是指直接依据知识和信息而进行的生产、分配和使用的经济。知识经济必须以较高的社会知识水平为基础，以强大的社会知识创新和技术创新为前提，以大批高素质的创新型人才为依托。一个国家、一个民族、一个企业有大批高素质的创新型人才，就拥有了发展知识经济的巨大潜力。

第二章

学生创造素质教育与升级的故事推荐

1. 鲁班的故事

鲁班，生于公元前507年，约卒于公元前444年左右。姓公输，名般，又称公输子、般输、鲁般。鲁国（今山东曲阜）人，中国春秋时期科学家。

鲁班应称作公输般，因为他是鲁国人，"般"与"班"同音，古时通用，所以人们常称他为鲁班。

鲁班出身于手工业家庭，所以从小便受到熏陶，跟随家里人参加各种建筑工程劳动，积累了丰富的实践经验。

鲁班是我国古代最优秀的土木建筑工匠之一，也是相传有许多发明创造的大发明家。从古至今两千多年来，他一直被土木建筑工匠们尊奉为祖师。

鲁班在机械、土木、手工艺等方面都有所发明。在公元前450年左右，他来到楚国，开始帮楚国制造进攻型的武器。他曾创制出云梯和钩强用以攻打宋国，但是被墨子及时地制止了。后来在墨子的劝说下，鲁班开始专门从事制造一些实用的生产生活工具，造福于人民。

鲁班的发明创造有很多。据《物原》、《古史考》等很多古籍记载，木工所使用的不少工具都是他创造的。像曲尺（也称矩），就是鲁班发明的，所有又叫做"鲁班尺"。还有墨斗、刨、钻、凿子、锯、铲子等器具，传说都是鲁班发明的。

鲁班还是一个很高明的机械发明家。他做的锁，机关于内里，表面看不出痕迹，必须要有配置好的钥匙才能打开。《墨子·鲁问篇》中有这样的记载："公输子削竹木以为鹊，成而飞之，三日不下。"说的是鲁班造出的木鸟能乘风力飞翔，三天不会降落。另传说鲁班还制造过一种机动的木车马，这部机械由木人驾驭，内置机关，可以自由任意行走。后世的许多科学家，都受其影响，努力的探索过其中的奥妙。

鲁班还发明过不少的农机器具。先进的农业工具是古代农业发达的重要条件之一。在《世本》和《物原·器原》中记载他制作了石础、砻、磨、碾子等当时很先进的粮食加工机械。

古代民间还传说他曾主持造过桥梁，他的妻子云氏为了使工人们不受日晒雨淋而发明了雨伞。

当然，有些关于鲁班的传说未免夸张，可能与史实有些出入。可是这些有关他的发明创造的故事，实际上就是我国从古至今一代代充满智慧的劳动者的故事。

2. 李冰的故事

李冰，中国古代科学家，其身世和生卒年代已经无法详考。只知道约在公元前256年（秦昭王五十一年），李冰被任命为蜀郡太守，此外还流传有他父子二人兴建都江堰的故事。

水利是农业的根本命脉，我们的老祖先很早就认识到这一点，并开始致力于水利工程研究和建设。于是春秋之际在中原地区建设了四大水利工程：河北漳水十二渠、关中平原郑国渠、安徽寿县的芍陂、四川灌县都江堰。这其中最为人们所熟知的要数都江堰，这是因为它至今基本上仍是当初原貌。李冰设计的都江堰，用今天的科学来分析，也仍然是无懈可击的。

都江堰是世界历史罕见的水利工程。

李冰采用人工的办法，在距离玉垒山稍远的江心，筑起一道分水堰，迫使岷江流到玉垒山前分成两股，让其中一股流入宝瓶口。在波涛汹涌的江中筑成如此的大堰，何其难也。当时用鹅卵石筑，石头太小，水一冲即垮；用开凿宝瓶口的大石块筑，投入水中，仍被冲得东摇西晃。李冰在多次失败的试验后，终于采用漫山遍野的竹子，编成竹笼，再装上鹅卵石，形成一个整体，一举获得成功。这个简单而有效的办法，形成水利史上有重大意义的发明创造，一直为后来的水利工程所广泛采用，直到今天筑堤修堰时常用的"铅笼"，也是根据这个原理制作的。

都江堰是我国古代农田灌溉系统的杰作，至今已有2200多年的历史了。其规模之大，建筑之早和收益之宏，在古代世界是没有先例的。

都江堰由分水"鱼咀"、"飞沙堰"和"宝瓶口"三项主要工程组成。分水"鱼咀"是中流作堰，把岷江一分为二。东边是内江，是岷江的别流；西边是外江，是岷江的主流。"飞沙堰"是调节入渠水量的溢洪道，而"宝瓶口"是总进水口。李冰采用"分流守江，筑堰引水"的办法，使这三项工程互相依赖，互相调节，互相制约，构成了一个设计周密、布局合理的水利枢纽工程，具有灌溉、防洪和航运等多种效益。

都江堰以其高度的科学性和创造性的完美结合，一直使用了两千多年，灌溉了内江两岸的千里沃野，至今完好。因此李冰和他所兴建的都江堰受到无数中外科学家的一致赞誉。

3. 蔡伦的故事

蔡伦，中国东汉桂阳（今湖南郴州市）人，字敬仲。大约公元75年（东汉明帝刘庄永平末年）到了洛阳，随后进宫当了太监。公元79年，和帝刘肇即位，把蔡伦提升为中常侍（宦官中较高的官职），参与国家机密大事，后兼任主管制造御用器物的尚方令，监督制造宝剑和其他器械。

在担任尚方令期间，蔡伦经过认真总结西汉以来的造纸经验，进一步改进了造纸技术，于元兴元年（公元105年）奏报朝廷，使用和推广造纸术。因此，后世人都传蔡伦为我国造纸术的发明人。1957年，考古学者在陕西长安县灞桥发现了一座古墓，发现了一面铜镜下放着成叠的纸，共有88张残片，被命名为"灞桥纸"。这种纸主要是用麻和少量芒麻纤维制成，是已发现的世界上最早的植物纤维纸。

1987年底，我国研究造纸史的专家潘吉星先生将西汉几种纸样送到日本有关科研机构鉴定，均确定为植物纤维纸，其中"灞桥纸"较为原始。由此得出结论说：中国的造纸术早于蔡伦200年。

蔡伦在担任尚方令时，主管尚方的各种事宜。这样蔡伦就有机会经常和手工工人接触，他们的精湛技术和创造精神对蔡伦有深刻的影响。

蔡伦本人善于赋诗作书，需用大量的纸张。他深知缺纸的苦处和书写上的困难。他决心克服困难，攻克难关，改进造纸术，提高纸张质量。

蔡伦首先想到，缣帛很轻便，但价值昂贵，必须利用一些价值低廉的原料来造纸。蔡伦在认真总结劳动人民用各种植物造纸的经验以后，改用了树皮、麻头、破布和旧渔网等，代替原用麻布、丝帛、苎麻、线头等原料。这些原料货源丰富，到处可以找到，价钱便宜，首先解决了以前原料价格高、原料少的问题。这样做，不仅大大降低了产品的成本价格，而且为大量进行生产创造了条件。特别是用树皮做原料，开创了近代木浆纸的先声，为造纸业的发展开辟了广阔的途径。另一方面，蔡伦在造纸工艺上也有重大突破。据考古情况推测，当时造纸时，先把原料洗涤切断，浸渍沤制，并加入适量的石灰浆升温促烂和蒸煮等工序以后，反复大力舂捣，分离出纤维纸浆，再把这些纸浆用细帘子捞取，漏去水分，晾干，揭下来，压平砑光。

改进工艺后生产出来的纸张，具有体轻质薄、价格低廉、经久耐用等特点。

元兴元年（公元105年）蔡伦把这批纸献给朝廷。汉和帝看了这种纸，十分赏识蔡伦的才能，并马上通令天下采用。从此，造纸术在我国推广了起来。

新纸受到了人们的广泛欢迎，并逐步取代了旧的书写材料。

蔡伦对造纸术的贡献主要有两条：一是他使以前比较粗糙的植物纤维纸变成质地优良、堪作书写用的植物纤维纸；二是他使造纸材料的来源大大地扩大了。他不但用麻、破布、鱼网，而且还用树皮作原料，这大大降低了纸的成本，从而使纸的运用普遍推行开来。晋人傅成在《纸赋》中赞美说："夫其为物，厥美可珍。廉方有则，体洁性真。含章蕴藻，实好斯文。"说蔡伦的纸实在很美，令人珍爱，又廉价、方便、洁净，深得人们喜爱，从根本上改变了纸在社会上的地位。

蔡伦的造纸工艺对现代造纸术仍有直接影响的有两个关键步骤：一是在草木灰水中蒸煮，这是现代碱法化学制浆过程的滥觞；二是纸模的设计要能使它的孔与纸浆中的纤维尺寸相适合，既能很快地使水漏下，又能使纸浆纤维留在上面，形成均匀的薄层。当时，虽然用的是细密帘子，却是现代纸模即抄纸器的雏形，而抄纸器是长网造纸机或圆网造纸机的主要部件。可以说，蔡伦的造纸工艺不过是现代造纸工艺的原始形式。

蔡伦的造纸术极大地促进了东汉造纸业的发展，造纸技术也不断提高。东汉末年，东莱（今山东黄县）人左伯造出了质量很高的纸，成为历史上又一著名的造纸能手。他造的纸比"蔡侯纸"更加光洁细腻，成为当时名贵的书写材料。

在"蔡侯纸"的推动下，东汉人孔丹还发明了著名的"宣纸"，它因盛产于安徽宣城而得名。宣纸又叫"四尺丹"，是为纪念孔丹而得名。它是国画艺术的重要载体，使我国的国画艺术兴盛两千年而不衰。19世纪末，宣纸还曾获得巴拿马博览会金质奖章。

蔡伦用自己的非凡才华，为人类文化的传播和发展做出了伟大的贡献。但是，东汉时期政治腐败，到了安帝时，宦官和外戚轮流执政，统治阶级内部矛盾重重，互相倾轧。安帝元初三年（公元114），窦太后因蔡伦长期保卫宫廷有功，封他为"龙亭侯"，封地在今陕西省洋县，故后人又称蔡伦造纸为"蔡侯纸"。

安帝让蔡伦主持校正经传文字。公元121年，有人向汉安帝告发，蔡伦从前奉窦太后的命令，曾参与谋杀汉安帝祖母的事件。蔡伦获悉后，不愿意受此侮辱，服毒自尽了，草草终结了一生。

为了纪念蔡伦的万世功德，人们为他造庙塑像。在蔡伦的故乡桂阳（今湖南郴州），元朝曾重修蔡伦庙。在他的墓地陕西洋县龙亭辅，也有祠庙，每年有地方政府代表致祭。过去国内和日本的造纸工人都奉他为祖师。蔡伦的伟大功绩，将永远受到人类的尊敬和纪念。

自公元3世纪至4世纪，纸张基本上取代了简、帛，成了我国惟一的书写材料，促进了我国科学文化的传播和发展。

随着社会生产力的发展，我国在各个时代都生产出能代表当时工艺水平的纸。晋朝时的"侧理纸"；南北朝的"凝光纸"；唐宋时期四川的"十色笺"和"薛涛笺"；北宋时期的"澄心堂纸"；南宋时期的"金粟山藏轻纸"；明清时期的"宣纸"等等。其中"左伯纸"质地匀净细密，色泽鲜明而很受人们的欢迎；"澄心堂纸"色彩种类很多，纸面砑磨光滑，以半透明而平滑的纸面上隐现出鸟兽花木形象（水纹纸）而闻名；"宣纸"以洁白光润，坚韧细密，长不变色等优点驰名中外，享有"纸寿千年"的盛誉。

造纸术由中国首先传到了朝鲜和越南，大约在隋朝末年（公元610年），由朝鲜又传到日本。往西又传到撒马尔罕，以至巴格达、大马士革、埃及与摩洛哥。到了公元1150年在阿拉伯人统治下的西班牙开始造纸，这是欧洲第一个造纸工场。

公元1212年罗马教廷征服了伊斯兰教统治下的西班牙之后，造纸业才在欧洲迅速发展起来，这比蔡伦发明造纸术的年代整整晚了一千多年。直到18世纪末，西洋纸仍然几乎全用手工制造。

现代的造纸业虽均已改用机器打浆和抄纸，但它的基本原理，还是与中国旧造纸方法相同。造纸原料的十分之七八已为木浆所代替，但造高级印刷纸、卷烟纸、宣纸和打字蜡纸等仍使用蔡伦所用过的破布、鱼网、麻头和树皮等原料。

英国著名科学家弗兰西斯·培根评价"四大发明"时说："它们改变了世界上事物的全部面貌和状态，又从而产生了无数的变化。看来没有一个帝国，没有一个宗教，没有一个显赫人物，对人类事业曾经比这些机械的发明施展过更大的威力和影响"。

4. 张衡的故事

公元 138 年的一天，在距当时的东汉都城洛阳有一千多里的陇西发生了一次大地震。几天后，报信的人骑马赶到京城报告皇帝，大家才知道这件事。一得到这个消息，马上全城都轰动了，原来前几天早就有一个人用一个仪器测出了它的方向，但当时并没有一个人相信。这一下，发明了这个仪器的人名扬全国，甚至有人把他看作圣人。

这个人就是张衡，而他发明的这个仪器叫地动仪。张衡出生在南阳县石桥镇。他的祖父曾经做过官，但因为为官清正，家中并没有什么财产。张衡的父亲去世后，他家的日子变得艰难起来。

张衡从小爱读书。除了读书以外，还经常观察工匠们干活，要不就摆弄竹片、树枝，做些精巧的小玩意儿给朋友玩。在石桥镇，几乎没有比他更心灵手巧而且有学问的人了。但他一点也不满足，决定到外地去游学，以增长学问。

在当时，长安是西汉的都城，洛阳又是东汉的都城，人们合称他们为"二京"。张衡决定到"二京"游学。他辞别家乡，首先向西到长安去，开始了他的游学历程。一路上，他四处拜访有学问的人，并把听到和看到的事都记了下来。在洛阳，他结交了许多有学问的人，其中崔瑗便是他的一个好朋友。崔瑗对天文历法很感兴趣，在他的影响下，张衡渐渐开始爱上了天文历法。

由于勤奋好学，张衡很快便成了洛阳城的著名人物。有一次，南阳太守派人来告诉张衡，推荐他去当官，但他谢绝了。他认为做不做官不要紧，要紧的是研究学问。后来官府又几次派人来请张衡去做官，他都没有答应。

几年过去，张衡学问大有长进，名声也越来越卓著了，但他家的生活越来越困窘。正巧南阳太守鲍德又来请他去做官，他想到鲍德是一个有道德有学养的人，就答应了他。于是，张衡在鲍德的手下做了一名主簿，负责处理和起草公文。

在鲍德的手下干了一段时间，张衡帮助老百姓干了许多好事，不断显露出他的才干。鲍德见他果然有才干，更加信任他了。他又建议鲍德建立了郡学，供读书人学习。不久，他又把自己的游学经历写了下来，这便是著名的《二京赋》。他前后用了十年时间，才最后写成。这篇赋一写成，立刻轰动了京城，读书人争着阅读传抄。不过因为它篇幅太长，没有流传下来。

后来，鲍德被调到京城当官，张衡便又回到家中专心研究起学问来了。他开始研究《玄经》，这是一本研究宇宙现象的哲学著作，也谈到了天文历算等问题。这本书对张衡产生了很大影响，他从此把兴趣转移到对宇宙现象的探索里。

有一年，东汉皇帝汉安帝下令，要全国各地推选有学问的人到洛阳做官，张衡也被选到了京城。由于他对天文历法有深入研究，朝廷便任命他当太史令，负责天文、历法、气象、地震等方面的事。张衡从此更专心地研究天文学了。他每天都在认真地观察着星空，不论严冬还是酷暑。通过长期的观察记录，张衡把它都写在一部叫《灵宪》的书里。到现在这部书在天文学史上还占有极高的地位。

张衡不但写书，对观察到的现象加以理论总结，而且将这些加以实践，从而创造出能实际操作的天文仪器。前面说过的地动仪便是一例。另外他还发明了浑天仪。这是一种天文仪器，可以反映天上星星的变化。

浑天仪的制作精巧：他先找来一些竹子，用刀将它劈成片，然后在它们上面刻上度数，再将这些竹片编成一个圆球。然后请木匠将它做成一个木模，再烧铸成铁球。他又想出用漏壶滴水的办法，推动仪器自己转动。他通过计算，在仪器内装了精致的齿轮，当漏壶不停地滴水时，带动仪器绕轴缓缓地旋转起来。漏壶中的水经过一天一夜滴完，仪器也正好转完了一圈。为了说明这个仪器的结构和原理，张衡还写了一本书叫《浑天仪图注》。根据这本书，人们可以知道汉代的浑天仪是什么样子，汉代的人是如何理解天象变化的。

由于张衡生性耿直，得罪了不少人。他们在皇上面前说他的坏话，时间一长，皇上相信了他们的话，便把他调离了京城，到河间任太守。但在河间做太守期间，因为和河间王刘政发生矛盾，他在政治上无所作为，学问又无法再钻研下去，终于在苦闷中与世长辞。

5. 华佗的故事

华佗出生于东汉末年，生活于战争不断、兵荒马乱的年代。他从小就醉心于医学。他想通过自己的医术减少人民的痛苦。

长大后，他成了一个远近闻名的医生。一般的病，只要经他治疗，都能治好。他发明的麻沸散，是一种麻药，是当时世界上最早发明和使用的麻药。而它的发明源于一次偶然的机会。

一次，一个喝醉酒的人因为绊倒在门槛上，头被碰出了很长的一段伤口。在华佗给他动手术缝合伤口的过程中，这个喝醉酒的人一直都没有喊疼。但第二天，这个病人开始喊疼了。华佗意识到酒起到了麻醉作用。由此，他得到启发，假如将酒掺入给病人用的药中，不就可以起到麻醉效果了吗？于是华佗反复做了很多的试验。最后，他终于研制成一种叫"麻沸散"的麻醉药。以后，再给病人动手术时，病人只要先吃上这种药，等到病人全身失去知觉后，他便可以放心地给病人动手术了。这是华佗对世界医学的一个伟大贡献。它比现在西医用的麻醉药早发明了一千六百多年。

华佗针对人的生理特点，还编了一套五禽戏。他认为古往今来那些长寿的人之所以长寿是因为他们爱运动的结果。运动是抵御疾病的一个重要的方式和有效的办法。所以，他根据各种鸟禽走兽的动作自编了一套动作。这五禽戏包括"虎、鹿、熊、猿、鸟"五种动物，或扑打，或跳跃，或飞腾，或摇摆。练过之后，效果特别明显。他的学生吴普据说就是因为坚持练"五禽戏"活到九十多岁还很健康。

华佗不仅发明了麻沸散和创造了"五禽戏"，还对各种疑难杂症有很独到的见解与治疗方法。比如有个太守得了一种病，他一天到晚寝食不安，饭不香，睡不眠。华佗在看了他的病症之后，很快想出一套治疗的办法。他每天给太守看过病后都要要许多钱。一连好多天，都是这样。但太守的病并不见好。然后有一天，突然有人报告太守说华佗带着钱财潜逃了。太守听说之后大怒，一气之下，吐了很多的血，而那些血竟都是紫黑色的。吐过之后，太守忽然发现自己好了。原来，华佗已知道太守的病由平时淤血而引起，必须逼出这些淤血后才能好。于是想出了这个激将法，结果一试就灵。

还有个叫陈登的广陵太守，一向自诩身体好，从不生病。突然有一天得病了，浑身就像被人塞了什么似的，老不舒服。他把华佗请了来。华佗看过之后，断定他是因为吃了没煮熟的活鱼虾的缘故。给他吃了药，等到吃完第二次药便起作用了，吐出许多没有煮熟的鱼肉和虾。不过，华佗又告诉太守他的病三年后还要犯。三年后，果然又犯了，因为华佗不在，结果太守不治而亡。华佗的从医经历使他名声更大了。人们都称他为神医。

时任汉朝丞相的曹操得了偏头痛，总医不好，听闻华佗的名声，便把他请去治病。病治好后，并不放他走，生怕再犯。但华佗想为更多的人治病，便借故回了家。回家后，便一去不还了。曹操很生气，一气之下，命人将他抓来，关进牢里。

第二天，华佗便被杀了。中国的一代名医就这样带着遗憾走完了他的一生。但他对医学的贡献永远都不会被人们忘记。他永远都是一个伟大的医学家。

6. 沈括的故事

沈括，中国北宋时期杰出的科学家，一生博学多才，成就显赫。他在数学、天文学、物理学、地质学、地理学、医学等科学领域都有自己独到的见解。

沈括字存中，出生于钱塘（今浙江杭州）的一个贵族家庭，祖上世代为官。父亲沈周曾先后在泉州、开封、江宁（今江苏南京）等地为官。沈括也随父赴任，游历南北各地，增长了不少见识。这为他后来的科学研究打下了一定的基础。虽然出生官宦家庭，但父亲对他的学习要求十分严格，不允许他像其他官宦子弟那样，不务正业，横行一方。因此沈括从小就受到了良好的家庭教育。沈括天资聪颖，记忆力奇佳，书看完一遍就能记之七八。14 岁时，他已把家中丰富的藏书读完，作诗赋词的才华也显露了出来。23 岁的时候，父亲不幸病逝，他只得在江苏沭阳县谋了一份差事勉强度日。

1063 年，沈括中了进士，步入仕途。1072 年，沈括被朝廷任命为太史令兼管司天监。司天监是专管天象历法的机构。沈括上任后勇于打破旧有传统，敢于创新。他每天亲自观察天象，并进行详细记录。为了提高天文观测的准确性，他对当时的三种主要观测仪器——浑仪、圭表和浮漏所产生的误差及其原因，提出了改正的方法。

后来又为了配合王安石的变法，积极主张修订历法，使其更加科学、准确。不仅如此，他还对当时腐朽的人事制度进行了改革，罢免不称职的人员，吸收有才干的新鲜血液。其中破格录用平民出生的天文学家卫朴主持修订历法工作，被后世传为美谈。

卫朴是楚州（今江苏淮安）人，出身贫寒。但从小就刻苦学习，对天文有着浓厚的兴趣，最崇拜的人是东汉时期的天文学家张衡。他每天晚上坚持看书到深夜。为了节省灯油，常常在昏暗的灯光下读书，久而久之，视力严重受损，到三十多岁时双目全部失明了。但他以顽强的毅力锻炼出超凡的记忆力，还练就出了异乎寻常的手摸筹算的本领。

卫朴对天文历法有着很深的研究，即使在失明之后还不忘学习历法，每天让人读书给他听。当时有关天文学方面的知识能超过他的举国上下难觅第二人。在当时，他就能通过心算去推断日、月食发生的日期。旧的历书上说1068年7月15日将会出现月食，可是卫朴经过推算后发现这一天根本不可能发生月食，并把他的这一结论报告给了司天监的官员。司天监的官员们当时并不相信，但后来的事实是7月15日那一天果然没有发生月食，卫朴由此在司天监名声大振。

沈括上任后，听说了卫朴这个人在天文学上的才能，就决定亲自去拜访，当面考核他，以确定修订历法的人选。相见之后，沈括直奔主题，让卫朴谈谈对旧历法的看法，以及如何改进天文观测工作。卫朴背诵了旧历书上的一些内容，然后对这些内容进行评述，指出了其中的不足，并道明如何改进。卫朴对历书如此熟悉，沈括深感惊讶，心中暗暗高兴。但他对卫朴的计算能力表示担忧，因为卫朴只不过是一个盲人。

为了考察卫朴的计算能力，第二天，沈括在衙门里进行了一场公开考试。沈括出了这样的一道题目：如何用《春秋》一书中记载的日食来验证旧历书的错误？卫朴道："《春秋》一书中共记载了 37 次日食，其中比较可靠的有 33 次。用其他历法证实的有 27 次，唐朝一行大和尚验算证实的有 29 次。我用自己创造的算法证实的有 35 次。"沈括听后连连点头，进一步问道："那你是如何证实的呢？"沈括的主要目的是考察卫朴的运算能力，于是就势赶忙派人拿来算筹让卫朴演算。好一个卫朴！只见他飞快地摆弄着算筹，而且极其准确，沈括为之折服了。他觉得主持修订历法的人非卫朴莫属了。但卫朴毕竟是一个盲人，在当时的环境下，要任命一个盲人掌管天文历法工作，其难度之大可想而知。但最终沈括认真地说服了其他的官员，在王安石的支持下，破格提拔卫朴到司天监工作，同时委任他主持修订《奉元历》。

在沈括的支持下，卫朴尽心尽力地工作，充分发挥了他在天文历法方面的才能，不到三年的时间，修订历法的工作就大功告成。1075 年 4 月，朝廷下旨，新的《奉元历》颁行全国。

王安石变法遭到失败后，沈括也受到牵连。1089 年，58 岁的沈括携家人到润州安度晚年。

在润州，沈括利用多年的积蓄修建了一个梦溪园。梦溪园内有茂林修竹、亭台楼阁。每到春夏季节，园中百花争艳，蜂飞蝶舞，好似人间仙境。就在风景旖旎的梦溪园内，沈括用五年的时间，总结了毕生所学、所见、所闻，写出了《梦溪笔谈》这部伟大的著作。

《梦溪笔谈》是一部综合性很强的科学著作，内容广泛，涉及天文、历法、数学、物理、化学、地质、生物、医学、考古、历史、音乐、艺术等各方面的内容。直到今天，这部科学著作仍然散发出智慧的光芒。《梦溪笔谈》中的许多观点都很有创造性，有些甚至比西方国家领先数百年。

英国的中国科学史专家李约瑟博士曾将沈括称为"中国科学史上最奇特的人物"，"是中国科学史上的坐标"。

7. 王祯的故事

王祯（公元 1271～1330 年），字伯善，中国山东东平人。元代农业科学家。

王祯曾先后在宣州旌德县（今安徽旌德）和信州永丰县（今江西广丰）担任过县尹。他在任期间，一直过着简朴的生活，从没有搜刮过民财。不仅如此，他还用自己的不少俸禄办学、建庙、修桥，另外他还经常救助穷苦有病的百姓，着实办了不少造福于民的好事，深受当地人民的称赞和爱戴。

王祯不仅是一位廉洁奉公的好官，而且还是一位精通农业科学、积极发展农业生产的著名农业科学家。他与汉代的氾胜之、后魏的贾思勰、明代的徐光启一起同被称为我国古代四大农学家。

王祯于公元 1313 年写成了他的农学巨著《王祯农书》，这部大型农书是综合了黄河流域旱田耕作和江南水田耕作两方面的生产实际写成的。内容分为三部分：一、农桑通诀，总论农业的各个方面；二、农器图谱，罗列各种与农业有关的工具，分别附图说明，图达 300 多幅。这些图谱无论从数量和质量来说都是空前的，它开创了我国农器图谱的先声；三、名谱，包括农作物、果、蔬、竹、木的栽培各论。书中还提出了水的综合利用，把灌溉和航运、水利利用，水产等结合起来统筹安排。还设计了兴修水利的条件和远景规划的蓝图。《王祯农书》是我国一部承前启后的农学专著。

《王祯农书》规模宏大、范围广博、内容丰富，是我国古代一部农业百科全书。

另外要提到的是，王祯在任旌德县尹时，曾创制了一套木活字，共 3 万多字。用了不到一个月的时间，印成了他自己纂修的 6 万多字的《旌德县志》600 部。

王祯还规定了排木活字的规格，发明了轮盘拣字盘。排字时以字就人，减轻排字者的劳动，提高了排字的效率。他把制造木活字的方法和拣字、排版、印刷的全部过程系统地记载下来，题名为《造活字印书法》，附刊于他的《农书》中。这是世界上最早的关于活字印刷书的文献。木活字印刷发明后，比原来的活字印刷法更为方便，于是各地逐渐流行。

8. 徐光启的故事

1624 年，中国明代的万历皇帝收到大臣送给他的一件神奇的宝贝，通过这种宝贝可以将很远的人看得很近，也可以将很近的人看得很远。这件宝贝让皇帝和满朝的文武大臣感到非常的新奇，他们拿过来瞧了又瞧，谁也不能明白其中的奥妙。这就是当时世界上发明没有多久的望远镜，而献给皇帝这件宝贝的大臣就是徐光启。

徐光启是最早将西方科学知识介绍到中国来的著名科学家。他于 1562 年出生在一个商人家庭，他出生时家境就已开始日渐衰落。父亲在他很小的时候送他进了私塾，私塾先生整天让他诵读四书五经，徐光启对此厌烦透了，有一次他一生气就把经书扔进了水缸中。父亲为此火冒三丈向他怒吼说：

"你怎么能这样不敬先贤的经典呢？"

"我实在是看烦了。"徐光启说。

"你这个样子怎么能科举中榜呢？"

父亲一怒之下就把他关在一间房子中作为惩罚。徐光启被关在了房中，他看到屋中的书架上有书，随手翻看起来。他越看越高兴，原来这都是一些诸子百家和历史方面的书。于是他就经常高兴地接受父亲的惩罚，以便于能在那间房中翻看自己喜欢看的书。

在读书之外，他还经常跑到田里去帮父亲干农活。每次父亲都拦着他说：

"你快去读书吧，这里也用不着你帮忙。"

徐光启说："做农活也是学习，我正好可以调节调节。"

正是从这个时候他开始对农学有了兴趣。他经常去田野跟农民了解情况，收集了很多关于农业方面的知识，这对他以后的科学研究很有好处。

由于他兴趣广泛，厌恶科举，所以只考中了秀才。1581 年他乡试不第，就在家乡教书养家，有时为了糊口，他甚至不远千里到外地去教书。

虽然厌恶仕途，但他还是别无选择，经过了多次的努力，他终于在 1604 年考中了进士，跻身于仕林，那时他已经 43 岁了。当时正好意大利传教士利玛窦来中国传教，徐光启在翰林院供职时认识了利玛窦。

从此，他开始接触西方的科学知识，他跟利玛窦学习天文、数学、历法、水利等学科。这使徐光启成为明代少有的学贯古今、兼通中外的科学家，是当时理解西洋文化并掌握西洋文化的第一人。在与利玛窦相互的交流过程中，徐光启深切地感到西方的科学对我国非常有用，于是他开始动手翻译这些科学知识。他的治学范围很广泛，包括有数学、天文、历法、水利、地理、火器制造等各种方面，著述有 60 多种。他认识到数学是其他一切自然科学的基础，所以他和利玛窦两人合作共同翻译了欧几里得的六卷《几何原本》，这也是西方数学在我们国家得以传播的开始。后来，他还陆续翻译写成了《古算器释》等很多数学著作，从而使得我国传统的数学取得了非常卓越的成就。

除了翻译著作，徐光启还十分注意改进天文观测的仪器，他曾提议建造三架望远镜用于观测天象。还曾主张用西方的大炮来抵御清兵。但是这些建议都未能被采纳。徐光启一生最大的成就还是在农业方面。他总结了我国古代农业的生产经验，同时吸收了西方的科学技术，编写成了鸿篇巨著《农政全书》。这是一部关于中国古代农业方面的百科全书，反映了明代农业的最新发展。书中介绍了农本，水利农器，树艺蚕桑，种植，牧养等农业的各个方面。集中和保存了我国古代农业的经验，受到了世人的高度评价。

徐光启可以算是我国古代引进西学的第一人，他依靠自己的博学和敏锐，在中国尚未落后于西文太远的时候就感到了一种危机的存在，他向世人大声疾呼学习西方文化。但是他的梦想最终也未能成真，他的很多主张并没有得到当时帝王的采纳，这不仅仅是他个人的悲剧，更是一个民族的悲剧。

9. 宋应星的故事

17世纪30年代，中国的一本名为《天工开物》的书，传到西方以后，欧洲人惊奇不已，称它是"中国17世纪的工艺百科全书"。这本书的作者是中国明代著名科学家宋应星（1587～1661年）。

宋应星，字长庚，江西奉新县人，大约生于明代万历中叶，逝世于清代顺治末年的公元1661年。宋应星是17世纪中国杰出的科学家，进化论大师达尔文称他为"东方的百科全书式的学者"。

宋应星生活在封建社会末期的明末清初。腐朽没落的统治阶级极力倡导的"八股科举取士"制度，被大多数知识分子看成是最有前途的道路。宋应星参加了几次科举以后，就意识到了科举制度的弊端，从此不再奔波应试，而是全身心地投入于科学技术研究，撰写出中国古代科学技术集大成的代表作《天工开物》。

《天工开物》是我国古代最重要的一部工艺百科全书。它详细记述了我国古代的农业和手工业技术，其中有不少是在当时居于世界领先地位的工艺措施和科学创见。《天工开物》分上、中、下三卷，又细分为18个项目。书中除了介绍农业生产经验外，还记述了纺织、染色、制盐、制糖、制砖、烧瓷、造车、造船、采煤、榨油、造纸、冶铜、炼铁、军器，火药、颜料、酒曲等等许多种手工业生产技术。书中详细说明了各种农作物和工业原料的种类、产地、生产技术和工艺装备，描述了它们内部细致的专业分工，还附有200多幅工艺流程插图，与文字互相配合。此外，书中对生产各种产品所需要的时间、人力、产量，生产工具的规格、尺寸，效率，各种金属的比重，合金成分的比例，火器的射程和杀伤力等等，也都用具体数据加以说明。《天工开物》所讲的多半是人们"巧夺天工"的生产实践和科技研究创造，为研究明朝的社会生产提供了宝贵的资料。

宋应星所进行的科学研究，其方法有些已经同近代科学方法很接近，体现了人类科技启蒙阶段的较高水准。他注意研究和表述问题时利用准确的数据来说明事物的本质。他所论述的耕田、水利、纺织等生产工艺均使用数字，现代人完全可以以此仿制出当时的器物家什。

宋应星对客观事物进行过系统细致的观察，反对空洞的道理。他记述的"江南麦花夜发，江北麦花昼发"，没有亲身的仔细观察是概括不了的。

有趣的是，西方近代启蒙科学思潮的代表人物之一的笛卡尔于1637年发表了著名的《方法论》一书，同一年，宋应星的《天工开物》也在中国问世。两部著作都是用科学语言和术语写成的，也都在世界范围内产生了重要影响。笛卡尔长于数理分析，宋应星在生命科学领域内某些论述则高出西方。宋应星已经萌发出生物进化的思想，这一点后来为达尔文所反复引证："在一部古代的中国百科全书中，已有关于物竞天择原理的明确记述。"宋应星以蚕茧为例，系统地阐述了他的生物进化思想，引起了包括林耐在内的西方生物学家的强烈共鸣。

《天工开物》是一部非常珍贵的科技文献，在我国乃至世界科学技术史上都占有重要的地位，受到国内外科学界的高度重视。它刊行后很快传到日本，日本学者评价说："作为展望在悠久的历史过程发展起来的中国技术全貌的书籍，是没有比它更合适的了。"1869年它被译成法文，传到西方，以后又被译成英文，西方研究者把它誉为"中国 17 世纪的工艺百科全书"。

10. 冯如的故事

1912 年 8 月 25 日，广州郊区燕塘操场上热闹非常，人们如海水一般地涌向这里。只见一个人站在飞机上在向人们演讲，并向人们介绍飞机的性能。他在一片欢呼声中爬进了飞机驾驶舱，然后驾驶着这架飞机飞向了蓝天。

他驾驶着飞机在蓝天上表演了许多人们从未见过的高难度动作，大家全都看呆了。飞机降落的时候，几个孩子突然跑上了跑道，为了孩子的安全，飞行员只好猛拉操纵杆，让飞机上升。可是锈损的机件却失灵了，飞机失去了平衡而坠落地面，当人们赶去营救时，飞行员倒在了血泊之中。这个飞行员就是我国卓越的航空学家——

冯如，那一年他只有二十九岁。

冯如小时候家里很穷，他的四个哥哥因为生病没钱医治而先后去世。只有冯如得以幸存。父母都认为家里就剩下这一棵独苗了，怎么也要让他学点本事才行，于是老两口便省吃俭用，从牙缝里挤出了一点钱来让冯如上了小学。冯如聪明好学，老师非常喜欢他。12岁那一年，因为遇到了自然灾害，冯如家里更困难了，冯如也因此上不起学。正在这时，在美国的舅舅来到他家，他见冯如这么聪明，而家里又没有钱让他上学时，便跟冯如的父母商量，要带冯如去美国。冯如的父母亲虽不舍得让他走，但为了儿子的前途，就答应了。

冯如跟着舅舅来到了美国的西部的旧金山，找到了一个打杂的活儿。冯如白天工作完以后，便利用晚上的时间到校里去学习英语。一年以后，冯如已经学会了一口流利的英语。冯如不仅能说英文，同时还会看英文，他经常买一些书刊来看。他逐渐认识到美国之所以富强，是因为他们有先进的技术。这让冯如想到了自己贫穷落后的祖国，他想：中国要富强，要发展工业技术才行。为了扩大视野，他独自一人来到了纽约一家工厂当工人。他很节俭，想省下更多的钱来买书。冯如常常一边看书一边动手制作一些东西，他根据书上的知识制造出了抽水机、打桩机、并且还制造出一台能收发的无线电报机。他这一举动让许多美国青年佩服不已。

一天，冯如看报时，一个醒目的标题吸引了他——美国莱特兄弟制造飞机成功！冯如平时对飞机这个名词也有所了解，他知道这项发明，不仅对美国人是一件了不起的事情，而且对全世界来说都是一件非常了不起的事。

有一年，日本侵略中国，侵占了东北地区，对此清政府毫无办法。冯如想，要是中国有了飞机，可以用飞机来做武器，这样就可以打败日本了。为了制造飞机，冯如来到旧金山，找舅舅帮忙。舅舅很支持冯如的想法，但是舅舅也不是很富有，后来，舅舅从很多爱国华侨那里筹集了一笔钱给冯如。

得到这些资金以后，冯如便在简易的工棚里开始了工作，经过八个月的艰苦奋战，冯如和他的助手们终于制造出了第一架样机。然后冯如亲自冒着危险驾驶飞机飞向了天空，不料飞机刚起飞就掉了下来，冯如险些丢掉了性命。

祸不单行，没多久厂房又失火了。面对这么大的困难，冯如没有退缩，而是继续干下去。舅舅被外甥的决心感动了，于是再次组织华侨集资筹款。可是正在冯如重新开始的时候，父母亲却来了一封信，让他回家去。

原因是父母亲年岁已高，恐怕今后难得见上儿子一面了。冯如理解父母的心情，可是他报国心切，他写信告诉父母他一定要为祖国制造出一架飞机来才回国。

冯如总结了失败的原因，1909 年 9 月，他的第三架试验飞机终于制造出来了。助手为了他的安全，都争着要去完成这个任务，最后还是由冯如亲自驾驶着飞机飞向奥克兰市的上空。飞机大约飞行了 805 米，打破了莱特兄弟在 1903 年创造的 259 米的记录。

冯如的举动，让美国人既震惊又佩服。当时美国报纸为此而写了一篇长篇报道，标题是《中国人的航空技术超过了西方》。

华侨们听说冯如成功了，也纷纷跑来投资。冯如便借此组建了一个机器制造公司，他任公司的总机械师。

后来国际飞行协会在旧金山举行飞行比赛，冯如报名参加这次比赛。

当时在美国为革命奔走的孙中山也来观看了冯如的这一次表演，结果冯如以时速 104 公里，高度 213 米，飞行距离 32 公里的成绩夺得了这一次比赛的冠军。作为世界一流的航空专家，冯如引起了世界瞩目。

美国许多商人为了买到冯如的技术，不惜重金聘请冯如，面对金钱的诱惑，冯如没有动心，他首先想到的是祖国。*1911* 年的春天，他带着自己的三名助手回到了中国。

回国后，冯如原本是想为祖国制造飞机，可是由于当时清朝政府的腐败，冯如得不到任何有力的支持。他于是参加了孙中山领导的革命党，并将飞机制造技术传给了国人。可是非常不幸的是这位才华横溢的航空学家却过早地离开了我们。

11. 爱德华·琴纳的故事

爱德华·琴纳，英国医生，牛痘接种法的创始人。琴纳出生于英格兰格洛斯特郡伯克利的一个普通人家，父亲是当地的一名乡村牧师。他有两个哥哥，比他大近 *20* 岁，也继承父业做起了牧师。在他 5 岁的时候，父亲不幸去世，小琴纳就和母亲一起跟随长兄一家人一起生活。

到了该上学的年龄，长兄将他送进了教会学校。但好动的琴纳面对神学著作毫无兴趣，他最大的爱好是"玩"。他常常和小伙伴们一起在伯克利村附近的小丘、山谷、草地和树林漫游。他喜欢掏鸟窝，特意去捕捉各种昆虫、小动物，他也对植物的种子、各种矿物、化石充满着浓厚的兴趣。他还利用林耐的双名命名法对自己收藏的标本进行分类。他的小屋，简直就是一个动物园、植物园、贮藏室三者的结合体。

琴纳的小学校长沃什伯恩是一个严厉而又十分守旧的人，他不喜欢学生提出各种问题，反对学生阅读神学以外的课外读物，认为琴纳阅读生物学著作完全是浪费时间，甚至是危险的。有一次，他把琴纳叫到自己的办公室，严厉地对他说："你现在的思想观点很危险，我得提醒你，科学与宗教是直接对立的，你最好不要去碰科学。你那愚蠢而又肮脏的爱好会得罪上帝的！"

在这样的学校里，琴纳感到身心受到了极大的摧残，无心学习，经常逃课。长兄见他对神学实在无兴趣，就尊重他的意愿，让他跟随索德伯里城的外科医生卢德格学习医学知识。当时琴纳年仅 13 岁。在卢德格家，琴纳开始了八年的学徒生活。学徒生活虽然十分清苦，但琴纳认为可以学到许多有用的知识，因而觉得很有乐趣。

1770 年，在卢德格医生的大力推荐下，琴纳来到了伦敦最著名的外科医生亨特那里学习。三年之后，琴纳返回了伯克利农场，开始了自己的行医生涯。

琴纳作为一名医生，之所以能载入史册，是因为他找到了治疗天花的办法，即牛痘接种法。

天花，在欧洲历史上有一段时期被人们称为"死神忠实的帮凶"。只要有一人得了天花，恐怖就会笼罩整个地区和国家，甚至整个欧洲。天花的传染性非常强，轻微的接触都会使周围的人染上天花病毒，而且传播速度极快。人们经常是谈"天花"色变。

一连好多年，琴纳所在的伯克利山谷都没有发生过天花。一天，突然有消息传来，说有一个人已经染上了天花。这引起了整个山谷以及附近居民的普遍恐慌，似乎一场大的灾难已经降临。

琴纳作为当地医生，对病人采取治疗措施是他义不容辞的责任。但最令他感到头疼的问题是病人的护理，因为护理人员最容易受到传染。一般的人是不能护理天花患者的，只得去找以前患过天花、现在已经痊愈的人。但这样的人实在太少了。病人的家属最后找来了一位挤奶女工。琴纳见她皮肤光滑白嫩，脸上也没有天花的麻痕斑点，就认定她以前没有得过天花。因此不同意让她担任病人的护理工作。

"我确实没有得过天花，但我曾经出过牛痘。因此肯定不会染上天花。"挤奶女工坚定地说。

挤奶女工的话让琴纳想起了卢德格对他说的"奶区迷信"。即长期与奶牛接触的人很少会染上天花。于是他同意让这位挤奶女工来护理病人，并对她交待了应该注意的事项。

几个月后病人终于痊愈了，琴纳脸上留下了永远消不去的麻点，而那位挤奶女工却安然无恙，皮肤依然白嫩。这件事激起了他多年来藏在心底的疑团：天花与牛痘究竟有什么关系呢？如何来解开这个疑团呢？琴纳记起了亨特的教诲，他决定从调查入手。他来到多个牧场，向一些老牧场主详细询问有关牛痘方面的知识，诸如人是如何感染上牛痘的？感染上牛痘的人有没有人再得过天花？

调查费时费力，但经过多年的努力，他终于得出理论上的结论，即感染过牛痘的人是不会得上天花的。理论需要通过实践来检验。于是琴纳张贴了一张广告，征集得过牛痘的志愿人员，要在他们身上注射天花病毒进行试验。最后终于找到了五个志愿者。在他们身上注射病毒半个月之后，志愿者没有任何不良反应。半年之后，还是平安无事。琴纳的研究工作取得了巨大的成功。

但琴纳还想在人体上先接种牛痘，观察其反应，然后再接种天花，进行理论验证。但没有人敢于这样做，他的研究工作只得暂时停了下来。

1796年4月，一位中年妇女带着8岁的儿子杰米·菲浦士来到琴纳的诊所，要求在儿子身上进行试验。琴纳大为感动，激动地说："你真伟大！你知不知道，现在有许多人，包括专业的外科医生在内，都不相信我的理论。有人认为是渎犯神明，有人认为会长出牛脸来。"

琴纳在杰米·菲浦士身上的试验又获得了巨大的成功。在注射牛痘、再接种天花后，杰米没有出现任何不良反应。这充分证明：

琴纳用接种牛痘预防天花的免疫方法成功了！

然而，当琴纳将辛辛苦苦历经三十多年的观察、试验、研究后的重大成果拿到皇家学会请求发表时，遭到的却是人们的冷嘲热讽。琴纳虽然十分失望，却没有气馁，他相信科学终将战胜愚昧。*1798*年，琴纳自费出版了《接种牛痘的原因和效果的调查》这一科学巨作。在铁的事实面前，顽固不化的人们终于低下他们高贵的头颅。法国皇帝拿破仑公开鼓励全体法国公民接种牛痘，维也纳医生卡罗博士也大力推广牛痘接种。在俄国、丹麦、普鲁士、意大利、土耳其乃至东方的印度，都有人开始用牛痘接种来预防天花。

琴纳的价值终于得到了世人的肯定，英国政府给他颁发了科学奖金。*1823*年，琴纳逝世。为了纪念这位天花的"克星"，人们特地为他建造了一座巨大的人体雕塑——琴纳正在聚精会神地为抱在自己怀里的婴儿接种牛痘呢！雕塑下的碑座上刻着这样一句话：向母亲、孩子、人民的英雄致敬！

12．H·C·奥斯特的故事

*19*世纪以前，人们普遍认同吉尔伯特的观点，认为电和磁是不相关的。直到伏打电池的发明以及磁效应的发现，电与磁的研究才如雨后春笋般成长起来。很多物理学家改变了自己原来的研究而投向电磁研究，从而取得了一个又一个研究成果，推动认识世界之本质。

*1819*年冬，H·C·奥斯特在哥本哈根大学开办一个自然科学的讲座。

讲座已经连续讲了很长时间，这使得奥斯特能够很长时间地研究讲座问题——电磁问题。他在备课和讲课的过程中发现了很多新问题。

一次，奥斯特为大家讲电流与发热。早期的物理学家发现，电流通过任何导线时，就会发热，多少会依照导线的性质而改变。这种热效应在现在的电热、电暖方面有很大的实用价值。

热效应就是奥斯特讲座的内容。奥斯特为大家讲述："电流通过导线时会产生光和热，产生的热向四周辐射。"然后，他让助手通电。他特意在电流附近安置了磁针。

这是为什么呢？

原来，在这堂课之前，奥斯特有过一个做法，他让电流通过极细的铂丝，在导线下放置了小磁针，然而出现了一个意外，使他没能成功地得出结论。

利用这次讲座的机会，他顺便安置了一个磁针。在助手接通电源的那一瞬间，奥斯特扫了一眼磁针，只见小磁针忽然动了一下！

这个现象太惊人了。

下课之后，奥斯特异常欣喜，他重复实验，并且设计不同的方案仔细研究。用了三个多月的时间，做了60多次实验，终于发现了电流的磁效应，即从电生磁。革命性的发现从奥斯特的实验中诞生了。

奥斯特出生于丹麦的鲁德克宾市。1806年，刚29岁的他被聘为丹麦哥本哈根大学的教授。一直到去世，他都是学院技术理论的领导人之一。

奥斯特之所以能打破旧的思维，发现革命性的现象，与他的哲学思想密切相关。

18、19世纪时，伟大的康德是自然哲学思潮的代表人。自然哲学重视自然界中物体之间的相互联系，尤其是自然力及其相互转化的思想影响了很多科学家。这种哲学批评牛顿的机械论成分。到了谢林，他更明确地提出自然力是统一力的思想观点。

奥斯特一直对康德哲学情有独钟。他周游欧洲，更是一位热心的自然哲学学派的拥护者和信奉者。他坚信客观世界的各种力具有统一性。

1812 年开始，奥斯特受到了富兰克林研究的影响。富兰克林发现，莱顿瓶放电会使钢针磁化。于是奥斯特认为，电不是转化不成磁，而是应该寻找怎样才能转化成磁的办法。

1812 年，奥斯特出版了《关于化学力与电力的统一研究》，他提出导线可能产生磁效应。

1820 年 7 月 21 日，《关于磁针上电流碰撞的实验》一文发表。论文指明，电流所产生的磁力既不与电流的方向相同也不是相反，而是与电流方向垂直。此外，电流可以穿透周围的非磁物质而影响磁针。

这一个伟大发现轰动欧洲。

科学界里，安培敏感地抓住了这个问题。他继续实验，加以发展并用复杂的现象研究，提出了著名的安培定律。

从 1820 年 7 月 21 日奥斯特发现电流的磁效应到 12 月 4 日安培提出定律，一共只有四个月多一点儿，时间很短，但却很重要。其意义在于：电磁学经历了从现象的总结到理论归纳的质的飞跃，开创了电动力学理论。

13．汉弗莱·戴维的故事

1778 年 12 月 17 日，汉弗莱·戴维出生于英国西南部康沃尔郡彭赞斯城一个下层中产阶级家庭。汉弗莱 6 岁那年进入当地的文法学校。在校期间，他是个贪玩的学生，整天热衷于钓鱼，到野外寻找乐趣。但他天赋极高，总是能很快地理解课本上的知识。为了使他的才能有更大的发挥，父亲听从老师的劝告，在 1793 年把他送到彭赞斯城继续学习，住在母亲的养父约翰·汤金先生住的阁楼上。在这里，透过窗子可以欣赏大海的波浪，日出和日没，还可以写诗。大自然永远使他心潮澎湃，他常高声朗诵十四行诗来抒发自己的感情。

在这里，戴维迷上了化学试验。可是父亲的突然去世破坏了他的计划。母亲寄来的钱，甚至连吃饭都不够。戴维被迫停止了使他入迷的实验，把化学实验装置锁在柜橱里。在这种情况下，汤金先生建议戴维去约翰·博莱斯先生的药房工作。博莱斯是个有着丰富实践经验的好医生，戴维在他的实验室里全力以赴地工作，以实现成为一个医生的理想。他走进珍藏着大量医学文献书籍的图书馆，在浩瀚的巨著中，他发现了拉瓦锡的著作，接着找到了尼柯尔森的《化学辞典》。年轻的戴维读了这些化学家的著作以后才理解到，研究化学才是他的真正志向。他开始从事化学研究，贝尔斯邀请戴维到克里夫顿他的实验室去工作。

戴维愉快地接受了邀请。他承担的第一个任务，是研究一氧化二氮的特性。按照美国科学家塞缪尔·米切尔的意见，这种气体吸入呼吸器官，会使人患严重疾病。但戴维查明，一氧化二氮对人体绝对无害。

后来经过多次实验证明，这个结论是正确的。他把实验结果写成《关于吸入一氧化二氮有关的化学及科学研究》这篇论文，从此他一跃成为闻名于世的科学家。戴维为了做实验，经常吸入各种气体做实验，在一次进行含一氧化碳的煤气吸入实验时，他险些丧命。然而，挚爱着真理的戴维早已把一切置之度外了。

到 1800 年，戴维把研究目标转向电化学。伏特发明的电堆（后来的电池）于 1800 年公开之前，这一了不起的新发明就已经私下传开。戴维也不失时机地进入这个新领域，并在短短六个月内发表了 6 篇论文。

1801 年，应朗福德伯爵的邀请，戴维到伦敦皇家研究院担任化学助教职务。

1802 年，23 岁的戴维被晋升为教授，在挤满听众的礼堂里，戴维的讲课很快使他博得了卓越雄辩家的声誉。在很短的时间内，戴维成了伦敦风靡一时的人物。到处是赞美和仰慕。尘世的浮华，没有冲昏这位年轻科学家的头脑。戴维仍然讲授应用化学和农业化学课程，致力于各种科学研究工作。同时，他继续关心电的化学作用问题。1806 年，在英国皇家学会贝卡讲演会上，戴维发表了《有关电的若干化学作用》的论文，引起学术界的轰动。尽管当时英法两国之间正进行着战争，但法国科学院仍为这篇论文赠予他 3000 法郎奖金。

1807 年 11 月 19 日，戴维发表了发现碱金属的报告，又一次引起学术界的震动。这位科学家从自己的成就和普遍赞扬声中受到了鼓舞，在实验室里展开了更深入的工作。初步的研究使他发现了两种新金属：钾和钠。但这是不够的，关于它们的性质，戴维一无所知，因为还不能大量地提取这些金属，钠和钾具有非常活泼的反应能力。

戴维开始了一系列的实验，在一次实验中，钠和钾两种金属与水产生极其强烈的反应，爆炸声中戴维的右眼受伤导致失明。然而，戴维并未因此退却，他仍然执著地去探求碱金属的性质。在初步确定了钠和钾的性质后，他于 1808 年又相继用电解法分离出了钡、锶、镁、硼等新元素。1812 年 4 月 8 日，鉴于他在发展科学方面建立的功勋，汉弗莱·戴维被英国王室授予爵士称号。

1815 年，英国几个煤矿发生了大灾难，矿井中瓦斯爆炸事故使数千名矿工丧生。受煤矿灾害事故预防会的委托，戴维开始了关于火焰与气体的防爆问题的研究工作，结果研制成功全世界普遍采用的安全灯。这一发明使矿工们永远摆脱了瓦斯的威胁。这是戴维在应用科学领域内最重要的成就，也是他最后一项重要研究成果。当时戴维说，这项工作是为了给人类造福而不是谋私利的，所以他未索取专利权。由于这一功绩，戴维获得了朗福德勋章。1820 年，他当选为皇家学会会长。

戴维一生对科学界作出了很多贡献。1829 年 5 月 29 日逝世，终年才 51 岁。

戴维矢志化学而不惜生命，取得了巨大的成就。可以说戴维的成功，是在自己天赋的基础上，用勤奋和刻苦换来的。他矢志真理，勇于探索的精神将是永远值得后人学习的。

14．乔治·斯蒂芬逊的故事

乔治·斯蒂芬逊，英国人，蒸汽机车的发明者，1814 年制造出了世界上第一台蒸汽火车机车。

1781 年 6 月 9 日，斯蒂芬逊出生于英格兰的一个普通家庭。父亲是煤矿的一个蒸汽机司炉工，母亲是一位勤劳朴实的家庭妇女。一家八口人，全靠父亲一个人的微薄工资生活，日子过得十分艰难，几个孩子都没有上学的机会。斯蒂芬逊 8 岁那年，他就去给人家放牛了。但斯蒂芬逊有着强烈的求知欲，经常向人们问各种各样的问题。他还经常给父亲送饭，看到轰隆轰隆转个不停的机器，他感到十分好奇，不停地向父亲打听这打听那。但父亲仅仅是一个司炉工，懂得的知识很少，并不能完全解答他的问题。斯蒂芬逊心想，等我长大了，一定想办法把这台机器弄懂。

14岁那年，斯蒂芬逊当上了一名见习司炉工，儿时的梦想实现了一半，他终于有机会面对这个轰隆隆的大机器仔细瞧一瞧、摸一摸了。但他并不满足，他的最终想法是弄清机器里面是怎么回事，为何能够运转。他在不断寻找着机会。然而一年过去了，他还是没有找到恰当的机会。有时，他手直发痒，真想把机器打开，仔细瞧一瞧，但现实不允许。

功夫不负有心人，机会终于来了。有一天，总工程师说要把这台机器清洗一下，斯蒂芬逊自告奋勇地说他愿意下班后清洗。待其他工人师傅都下班回家后，斯蒂芬逊打来一盆水，把机器外部擦了一遍。按要求，他只能清洗机器外面，但斯蒂芬逊觉得这样的机会太难得了。他大胆而又小心翼翼地把这台机器全部拆开了。在仔细研究了里面的内部结构后，才准备重新装上。但拆散容易，装配却很难。等他把一大堆零件重新安装好的时候，室外已经是满天的星斗了。

回到家，斯蒂芬逊一晚都没睡好觉，他担心这台机器再也不能像从前一样运转了。这样会耽误生产，他可负不起这样的责任。第二天，他一大早就来到了矿上。生火、添煤、发动机器后，机器飞快地运行起来，似乎比平时运行得还快一些。一颗悬着的心终于落了地。

从此，斯蒂劳逊对机器越发着迷了。他想看这方面的书，但识字太少，很多书都看不懂。于是每天晚上，他都跑到煤矿的夜校去上课。一个十七八岁的小伙子每天和七八岁的孩子一起听课，他从不觉得害羞，相反更加努力学习。不久，他的文化知识水平有了很大的提高。

22岁那年，斯蒂芬逊成了一名机械修理工。29岁那年又晋升为工程师，这时他已经注意到了蒸汽机的巨大作用。1807年美国的富尔顿发明了蒸汽船，大大提高了船的速度。此时已经有人在开始试制蒸汽机车，但都没有取得成功。斯蒂芬逊心想，如果真的能够制造出蒸汽机车，对于陆上交通运输业的发展将会起到史无前例的促进作用，我为什么不可以朝这方面去努力呢？

有了这方面的想法以后，斯蒂芬逊马上行动起来。他不断向人请教，总结和吸取前人制造蒸汽机车的经验教训。他认识到，要让机车拖起沉重的货物，必须使蒸汽机放出的能量更多。他又找来有关蒸汽机方面的书研究起来。经过大量的知识积累，他决定付诸实践。他动手把当时的立式锅炉改成了卧式锅炉，用扩大炉膛的办法，来增加锅炉的受热面积和蒸汽。而且，把立式锅炉改成卧式后，高度大大降低了，机车行走、转弯时也就平稳、灵活多了。此外，他还在车轮的圆边上加上轮缘，防止火车发生出轨事故，保证行车安全。

经过反复的研究和试验，斯蒂芬逊在1814年制造出了一台名叫"半统靴号"的火车头。他亲自驾驶这个火车头，在煤矿上进行试车表演。可惜的是，火车头的震动太厉害，在试车过程中，由于机车上的螺栓震松了，以至翻了车，把一名乘车的英国国会议员和英国交通公司的董事长摔伤了。接着，人们的指责纷纷而来。一些原来赞成试验火车的官员，现在也开始反对了。

面对困难，斯蒂芬逊决定继续对机车进行研究和改进。为了减轻火车行进时的震动，斯蒂芬逊在火车上装置了减震弹簧，又针对其他问题相应地进行了改进。

成功往往与"耐心"联系在一起。又经过11年的努力，1825年9月27日，斯蒂芬逊终于驾驶着他新制造的"旅行号"机车在多林克顿到达林顿的铁路上进行试车了。这一次，机车以每小时24公里的速度，越过中途的一个大斜坡，安全地到达了终点站达林顿。随机车同行的还有450名乘客，载重量已经达到了90吨。人们发出了一片欢呼声！

斯蒂芬逊终于成功了，各种媒体的赞誉接踵而来。在荣誉面前，斯蒂芬逊没有陶醉，而是继续研究，以求更大的改进。

不久，英国政府决定在利物浦和曼彻斯特两大城市之间修筑铁路，聘用斯蒂芬逊为总工程师。经过几年的努力，世界上第一条铁路终于通车了，世界从此进入陆上运输的铁路时代。斯蒂芬逊也将以其伟大的历史性贡献被人们赞颂。

15. 雷奈·利奈克斯的故事

我们经常体检，现在常用的检查内脏的简便仪器是听诊器。

它有一个"盒子"，是凉凉的金属制品，用来贴在想诊断的部位，有两根长长的管子挂到医生的双耳，就像听录音机时的耳机。如果带上它，可听到肚子内部的声响。

据说，有一位医生，他是间谍。后来被当地反间谍机构查出来，当搜查他的窃听器时却没有找着。原来这个医生用他的听诊器靠近在墙上，用来偷听屋内情况，如果人们在交谈，自然可以听得很清楚。

在听诊器没有被发明出来以前，医生诊断病情用的基本上是一种方法，传统的摇动或用耳朵直接听。

如果诊断胸膜炎，就要去摇动病人的身体，时而把耳朵贴在胸腔上听。这种办法很麻烦而且又不十分准确。况且还很不方便，比如说男女之间，就较为麻烦。

一个偶然的游戏，刺激了一个简单而又实用的发明。

据说在 1809 年，法国医生雷奈·利奈克斯在巴黎。一天，天气很好，他在广场上散步。

一群孩子在做游戏。广场边上有一根很粗很圆的大木头，被刨了皮不知要做什么用。一个孩子在木头的一边，耳朵紧紧地贴在木头的截面上，在认真地听着什么。

忽然他高兴地喊了起来："听到了！我听到了，你敲了6下！"

利奈克斯循着孩子的目光看去，木头的另一端也有一个孩子趴着。

于是，他走过去看他们究竟在干什么。只见孩子的手里拿着小钉子。他问到："亲爱的孩子们，能告诉我你们怎样玩吗？"

这几个小朋友做示范给他看。原来很简单，不过是一人敲一人听而已。

利奈克斯于是伏在木头的一端，他听到了清脆的敲击声。突然，他想到了什么，眼睛一亮，说："这下好办了！"

利奈克斯迅速回到了医院，恰好有患者来检查。他于是卷了一个纸筒，用耳朵贴近一端，另一端去听病人的心跳及呼吸。比早时清楚一些，他高兴极了。

从此，利奈克斯按照这个模糊的思路开始试验。他找来各种材料，不同种类的木头，不同种类的金属，空心棒、实心棒，等等。

经过试制，利奈克斯做出了"胸部检查器"，就是现在听诊器的雏形，是用橡胶管做成的并且带了两个喇叭状的听筒。

利奈克斯发明了听诊器，可以比原来清楚许多倍地听到胸腔与腹腔的声音。但是声音各不相同，不同的位置不一样，一样的位置每个人也不尽相同，至于怎样确定病因，则是诊断学上急于解决之事。

利奈克斯认真研究，他积累了丰富的临床经验，悉心记录各种资料，归纳总结出疾病所对应的声音以及一些误诊情况。

1819年，利奈克斯发表了专著《心肺病与听诊法》。这样，听诊器与诊断学有机地结合在一起了。

从此，听诊器成为初步诊断方便、快捷且实用的工具。

1826 年，利奈克斯染上结核病，不幸逝世，年仅 45 岁。

16. 埃利阿斯·霍威的故事

衣食住行是人类生活的基本要素。因为有了现代制衣业，人们不仅不再担心寒冷的威胁，而且生活也变得丰富多彩起来。这一切，都是因为有了缝纫机，制衣行业工人摆脱了原始的手工缝纫。缝纫机的出现，是制衣行业划时代的大事。对此，我们应该感谢美国发明家埃利阿斯·霍威，是他运用自己的智慧，使缝纫机由理想变成了现实。

*1819 年 7 月 9 日，在美国马萨诸塞州一个贫穷农民的家庭里，*一个男婴呱呱坠地。这个男婴就是日后成为著名发明家的埃利阿斯·霍威。

霍威出生后，因家里贫穷，生活上很艰苦，也没受过多少教育。为了减轻家里的负担，他只上了 3 年小学，然后，就不得不到附近的农田去劳动，以维持生计。也许老天有意跟他过不去，他生来腿脚就有点儿不太好，行走不便，不适合搞农业。看到这种情况，他父亲只好在他年龄再大些的时候，把他送到一个棉花机械制造厂里，让他学门手艺。

*1835 年，16 岁的霍威离开家庭，开始到机械厂去做工。*霍威虽然腿脚不太好，但他心灵手巧，工厂里有关机械制造方面的事情，他一学就会。随着对工厂生产环节的熟悉，他对机械技术越来越感兴趣，而且还产生了自己搞机械发明的念头。

霍威之所以想搞机械发明，其最大动力是为了摆脱贫困，用自己的智慧使生活变得好起来。为了谋生，他在好几个机械厂工作过，但不论工作岗位如何变化，他搞机械发明的念头始终没有打消过。后来，他到了波士顿，在波士顿市内一家机械工厂的服务店里当店员。这家店里经常有哈佛大学的教授们前来光顾，讨论一些有关机械方面的问题。这种情况，给霍威带来了意想不到的收获。

一天，一位教授对霍威谈到有关机械应用的问题。他说，现在最需要的是能够缝东西的机器，如果谁能发明出这种机器，谁就能发大财。言者无心，听者有意，霍威牢牢记住了教授的这番话。联想到自己在机械厂的所见所闻，他觉得教授的话完全正确。他在棉

花机械厂工作过，知道早在上个世纪，跟人们穿衣有关的纺和织的每一环节都已经实现了机械化，但把织成的布缝成衣服这个环节还是手工。这种状况，使得制衣行业效率低下，成本高昂，而且也使得该行业分工粗糙，制成的衣服款式单一，不够精致。在这种情况下，如果能发明出缝纫机来，用机器缝衣，就能改变这种局面。缝纫机一定会受到社会的欢迎，而自己也会因此摆脱贫困。

没多久，霍威结了婚，接着又连续生了几个孩子。在这种情况下，他的生活更加拮据，妻儿也跟着受苦。面对生活的重压，霍威又想起了那位哈佛大学教授的话，联想到自己熟谙机械技术的特长，再看看穷困潦倒的家境，早日脱贫的愿望终于使他下定了决心，要自己动手，研制出缝纫机来。

但是，要研制出缝纫机来，对于一个像他这样既无文化，又无资金的穷工人来说，又谈何容易？在他前面，也不是没人尝试过，但始终没有成功。要说明这一点，我们不妨先回顾一下缝衣技术的发展史。

人类缝衣技术的发展史，可以追溯到针的发明。发明有针眼的针，是人类历史上最伟大的技术进步之一，其重要性可与火的发现

相提并论。有了带针眼的针，才有了真正意义上的缝制衣服，它是人类文明发展的象征。

针的出现早得惊人，其年代可上溯到 4 万年前。从针的发明到缝纫机的出现，中间经历了漫长的时间。到了 18 世纪中叶，英国人韦森霍尔发明了一种双尖针，这种针的针眼在中间。他于 1755 年获得了这种针的专利权。他的同胞托马斯·圣于 1790 年获得了另一种装置的专利权。托马斯·圣的发明在许多方面具有现代缝纫机的特点，但它没有带针尖和针孔的针，因此不能作为缝纫机来用。如果韦森霍尔和托马斯·圣两人都把注意力转向机器缝纫而又互相吸取对方发明的长处的话，缝纫机是有可能在 18 世纪末叶以前问世的。

到了 19 世纪 30 年代，法国圣艾蒂安的一个叫坦莫尼尔的穷裁缝，设计出了一种比较原始的缝纫机。这种缝纫机虽然主要是用木头做的，相当笨，但它已经具有一定的实用价值。坦莫尼尔用它来给军队缝制军衣。但是很不幸，他的发明引起了制衣行业工人的恐惧感，他们觉得自己的生存受到了威胁，于是对坦莫尼尔群起而攻之，洗劫了他的手工工场，砸毁了他的缝纫机。坦莫尼尔只身逃脱，幸免于难。面对挫折，坦莫尼尔没有气馁，他对自己的缝纫机进一步做了改进，于 1848 年在英国和美国获得了专利。但遗憾的是，对于他的专利，无人问津。他设计的缝纫机由于还存在许多缺陷，在市场上无法出售。1857 年，坦莫尼尔在贫困中去世。

现在，轮到霍威了。霍威研制缝纫机的时间，差不多与坦莫尼尔同时。对于坦莫尼尔的进展，他丝毫不知，他们是相互独立完成各自的发明的。一开始，霍威想不出该如何设计缝纫机。他发现，这件事的难度比他原来预料的要大得多。但霍威不是那种碰到难题就回头的人，一旦选定目标，他就会坚定不移地走下去。

霍威设计了一个又一个方案，但这些方案都失败了。1844 年的一天，他经过一家织布店，店里织布机上穿横线的梭子来回摆动的情形吸引住了他。他想，如果能将这种梭子和有孔的尖针结合起来，就有希望把缝纫机发明出来。可是，该如何让它们结合呢？他百思不得其解。一天，他突然产生了一个关键的念头：传统上针眼都是在针尾处，如果把针眼移到针尖处，再使用两根线，通过滑梭缝合，不就可以了吗？想到这里，他立即动手做实验。经过百折不挠的努力，1845 年，经历了长达 5 年的摸索之后，他终于试制出了一台理想的缝纫机。这是一台曲线锁式缝纫机，缝纫速度可达 300 针/分，远远超过了人工。1846 年，他获得了缝纫机发明专利权。为了在市场上推广他的缝纫机，他还举行了一次缝纫机与人工表演比赛。比赛结果，他的缝纫机比 5 名熟练缝纫女工缝得还快。

缝纫机发明成功了。霍威心想，这下子大概可以脱贫了吧？然而，情况并非如此。表演比赛他是赢了，但他并没有得满分，观众们对他的缝纫机印象不是太好，觉得太复杂了。听说他还申请了专利，人们觉得他是在瞎胡闹，谁如果掏大价钱买这个专利，那他一定是白痴。制衣行业的工人担心由此引起失业，也对他的发明持敌对态度。

本以为缝纫机发明出来以后能够发财，他为此还欠了账，没想到结果是无人问津。面对这种结局，霍威感到很失望。既然在美国推广不开，那就换个国家试试，也许能"柳暗花明又一村"，出现意想不到的转机。那么到哪个国家呢？他一下子想到了英国。他想，英国是当时世界上纺织机械发展得最快的国家。曾经引起了 18 世纪产业革命的珍妮纺纱机就是在英国被发明出来的。纺织业的迅速发展，使得英国人对与之相关的织物机械也应该很关心。再者，英国和美国都是英语国家，到那里没有语言障碍。还有，英国曾经长期统治美国，因此两者有很深的渊源关系，很多方面都很相似，到那里去，比较容易适应。想到这里，他下定决心，准备到英国去推广这种新式机器。

这时，正好霍威的弟弟要到英国去，于是霍威就托他的弟弟将这种缝纫机带到了英国。在美国无人问津的缝纫机，在英国却得到了制衣行业的认可。一个名叫威廉·托马斯的紧身衣制造商看中了这项发明。他向霍威的弟弟询问有关专利转让费用问题。霍威的弟弟看到终于有人关注这台机器了，感到很高兴。他担心报价太高了会把买主吓跑，于是就以很低的价格把这台机器连同它在英国的制造权都卖给了托马斯。托马斯很会做生意，他花很少的钱从发明家手里买来了这个专利，仅此就足以赚一大笔了。为了更好地推广这种机器，赚更多的钱，托马斯心想，要是能把发明家请来，当场示范，岂不效果更好？于是，通过霍威的弟弟，他向霍威发出了邀请。

听说自己的机器在英国找到了出路，霍威很高兴。他以为自己长时间的辛苦终于得到了报答，于是就高高兴兴地带着妻儿漂洋过海来到英国，为托马斯传授技术，进行现场示范，帮他推广这种新式缝纫机。当时，霍威还不知道有关商业习俗，没有事先跟托马斯谈好报酬，就帮他干开了。谁知当托马斯一旦技术学到手，他就抛弃了霍威。可怜霍威一家老小，不得不在伦敦的贫民窟的一间小屋子里栖身，生活十分窘迫。霍威叫天天不应，唤地地不灵，他不知道自己怎么如此命运多舛。

流落在异乡他国的霍威，忍受不了这种衣食无着的困苦生活，他决定重新回到自己的祖国谋生。就这样，他典当了自己制作的机器，托人在船上当了一名帮厨工，千辛万苦，好不容易才回到了美国。

回到美国后的霍威，经济上十分拮据，可祸不单行，他的妻子又得了重病，不久就告别了人世。就在这时，霍威又发现，原来无人问津的他的那项发明，现在居然被一些厂家偷偷地生产着，还在市场上销售着。面对这种情况，霍威十分愤怒，他决定诉诸法律，夺回本该属于自己的那份权益。

霍威正式向法院提起诉讼，控告那些制造商们的侵权行为。就这样，他与那些财大气粗的制造商们打起了官司。本来，这场官司的是非十分分明，可法院习惯了慢条斯理地工作，对他的控告爱理不理，一拖就是很长时间。在霍威坚忍不拔的努力之下，经过了令人难以忍受的漫长的受理过程之后，他的发明专利权终于在1854年被证实和确认有效。法院宣告那些制造商们未经过霍威的允许就生产缝纫机是侵权行为，他们侵犯了霍威的合法权益。

现在，轮到那些傲慢无理的制造商们瞠目结舌了。他们的命运掌握在霍威手里：霍威不让他们生产，他们就得停工；霍威如果向他们索取巨额赔偿，他们就得倾家荡产。霍威的朋友也有人劝霍威趁此机会出一口恶气，收回制造缝纫机的权利，建立工厂，自己生产，把这个行业垄断起来。

对于朋友的建议，霍威经过慎重思考，决定不跟那些制造商们过不去。根据在英国的亲身经历，他觉得如果自己建厂、自己生产，未必能在美国把缝纫机推广开来，最终失败的可能还是自己。于是，在那些制造商们支付了合理的专利转让费用后，他允许他们继续生产缝纫机。事实证明，他的这一决定是十分明智的。在那之后，缝纫机制造领域里竞争十分激烈，而霍威却苦尽甜来，在他的竞争者继续统治这一领域的情况下，他却安然地度过其生命的最后10年。1867年10月3日，霍威在纽约州的布鲁克林与世长辞。去世后，他给人们留下了200万美元的遗产。

现代的缝纫机比起霍威的发明已经有了很大的改进，种类大大增加了，有的装上了电动机，还出现了用电脑控制的多功能缝纫机。但总体上来看，缝纫机的基本特点却没有什么变化，依据的仍然是霍威的设计。

霍威发明的缝纫机是工业革命的重要成果之一，它不但把许多人从繁杂的手工缝制中解放了出来，为他们从事其他社会活动创造了条件，而且也促使缝衣工作进一步专业化，使社会分工更加细密，效率和成衣质量都大为提高。正是因为有了缝纫机，人们的衣服才有可能被设计得多种多样，我们的世界也才有可能更加丰富多彩。而这一切，都跟霍威的贡献分不开。正因为如此，*1915* 年，霍威被选人美国伟人纪念馆，受到人们的瞻仰和崇敬。

17. 路易斯·达盖尔的故事

很少能找出一种发明像照相术这样有着如此多的用途，除了日常生活，它还被广泛应用于教育、科研、医学、信息、传媒等各个领域，让我们在回忆过去的时候，产生无尽的遐想。如果我们把我们的纪念品放在一起，就会发现，照片占了相当大的比例。

19 世纪 *30* 年代，路易斯·达盖尔成功地发明了一种有实用价值的技术——照相术。关于它的发明，还有一段曲折的经历呢。

达盖尔 *1787* 年生于法国北部的康布雷城，青年时代他是个艺术家。在 *30* 多岁时，他设计了"西洋镜"，这是用特殊的灯光效果展示的全景图画。当他从事这项工作时，他开始产生兴趣想发展一种不用刷子和油漆就能自动重现世界上的景象的机器。从此，他开始了研制照相机的尝试。

最初，他设计一架有实用价值的照相机的努力没有取得成功。*1827* 年时他遇见了尼埃普斯，有可能那时尼埃普斯也在努力发明一架照相机（到那时多少已经取得了一点成功）。两年后他们变成了合作伙伴。*1833* 年尼埃普斯去世，达盖尔独自继续坚持这一努力。到 *1837* 年时，他成功地发明出一种可以实用的照相系统，这被称为达盖尔照相术。

1839 年，达盖尔将他的照相过程向公众公布，但没有申请专利。作为回报，法国政府授予尼埃普斯的儿子和达盖尔终身年金。达盖尔发明的公布在公众中引起了巨大的轰动，他成了当时的英雄人物，并接受了众多的荣誉。与此同时，达盖尔照相术也迅速得到普遍的应用。达盖尔自己很快就退休了，于 1851 年在距巴黎不远的乡村住宅中去世。

没有什么发明是完全归功于一个人的工作的。确实，在达盖尔之前，许多其他的工作为达盖尔的成功做了准备。暗箱（一种类似于小孔成像相机的装置，但没有底片）至少比达盖尔早 800 年就发明出来了。16 世纪时，卡尔达诺在如何将透镜安装在暗箱的孔上迈出了重要的一步，这拉开了现代照相机的令人兴奋的序幕。但是由于它产生的图像根本不能保存，几乎不能认为它就是照相机。另一项重要的准备性发现是 1727 年由舒尔茨完成的，他发现银盐对光敏感。尽管他用这个发现制造出一些暂时存在的图像，但舒尔茨没有真正对这一现象深入研究。

最接近于达盖尔成就的先行者是尼埃普斯，他后来成了达盖尔的合伙人。大约在 1820 年时，尼埃普斯发现产于朱迪亚（古巴勒斯坦南部地区）的沥青对光敏感。通过这种光敏材料与暗箱结合，尼埃普斯成功地制造出世界上第一架照相机（他于 1826 年制造的一架照相机现仍被保存着）。正是由于这一原因，一些人认为尼埃普斯才是照相机的发明者，但是尼埃普斯的照相方法完全不实用，它要求有 8 个小时的曝光时间，即使是这样，得到的结果仍然是一幅相当模糊的图像。

用达盖尔的方法，图像被记录在一张涂有碘化银的平板上，15 到 20 分钟的曝光时间就足够了。这样一来，这一方法尽管还很麻烦，但却可供实用了。在达盖尔将他的方法公之于众后的两年时间内，其他人对这一方法提出了一些小改进：在用作光敏材料的碘化银中加入溴化银。这一微小的变化对于大大减少必需的曝光时间起了很重要的作用，因而使得用照相术产生图像变得实用。

1839年，在达盖尔公布他的发明之后不久，英国科学家塔尔博特宣布他发展了一种不同的照相方法。像我们使用的方法一样，它使用负片。一个令人感兴趣的记录表明，塔尔博特实际上在1835年就已经制作出了他的第一张照片，这比达盖尔照相术提前了两年。塔尔博特由于同时还在从事其他几项研究工作，而没能迅速将他的照相实验进行到底。

达盖尔去世了，达盖尔非常大众化的发明对以后历史的发展起了巨大的促进作用。人们对照相机的研究工作并没有因此而停止。英国人塔尔博特在银板照相机发明的同时，创造了"塔尔博特摄影法"，使一张底片可以得到多张照片。又是几十年过去了，美国人也赶了上来。美国的乔治·伊斯曼发明了卷式软片，为照相降低成本、走进千家万户做了准备。1891年，照相机的价格让不少人能够承受，成了家庭中简单而普及的娱乐工具。

后来，人们开始对原来的黑白照片不再感到满足，他们需要更高水平的摄影技术，希望照片这种东西能全面地展现生活全部色彩。彩色摄影技术就这样应运而生了。除了用于家庭娱乐，它还逐步被推广到科学研究的各个领域和工业、军事、医学、商业等诸多方面，从而推动了这些行业的发展。

18. 约瑟夫·弗劳恩霍费尔的故事

对光的速度的测量是技术的大发展，但是这最重要的技术不是因为对光速度的研究，而是对光颜色的研究。

牛顿利用光通过棱镜的情形来观察光的性质。他在把实验装置装备好时，就会在棱镜后面的屏幕上产生光谱，这是一道彩虹。所谓"红移"与"蓝移"就是根据光谱位置来说的。

牛顿发现白光并不单纯，而且白光是最不单纯的光，白光可以分成多色，多色光又可以合成白光。

约瑟夫·弗劳恩霍费尔（1787～1826 年）是慕尼黑的一名磨镜师和玻璃制造工匠。他曾经设计过精密的磨床，他还改进了望远镜，并且对各种玻璃的性质十分熟悉，知道怎样加工成优质的光学仪器。

弗劳恩霍费尔比较各种玻璃的光折射，让日光通过用单种玻璃做的棱镜，但他发现：由于光谱的颜色密集在一个较小的范围内，一开始就做出精密比较是不可能的。所以弗劳恩霍费尔拟定了方案，依靠这个方案进一步扩展光谱。

结果，弗劳恩霍费尔线诞生了。

太阳光谱的颜色不是没有间隙的和连续的，从光谱上看到的是：无规则地有窄谱线分布。这就是弗劳恩霍费尔线。

弗劳恩霍费尔认为，"这些谱线证明被分解的白色日光的成分，并非是由不同折射力的连续光谱组成，而且证明光来自一定的颜色层次，因此暗线是光谱中的间隙，这些间隙与缺少的光相应，假使这个光谱每次都是由日光通过同一材料制作的棱镜产生的话，这些谱线就会始终处在光谱的同一部分，次序和位置相同，密度和明暗相同。如果材料不同，数量、次序、明暗度也没有变化，但是谱线之间的相互距离却有不同"。

人们历来都认为太阳与其它恒星是同一光种，但弗劳恩霍弗尔发现恒星光谱与太阳光谱不同。

这下引发了一项重要研究，即光谱分析。光谱分析是 19 世纪的重大科学成就，由于光谱分析，使得化学家可以指出微小元素的情况，而天文学家也开始走向天文物理。至于冶金、工程等方面，也可以精密地确定出微量物质从而断定质量与事故。

当时人们利用的是元素、原子与光的关系，而为什么它们能保持发光并且颜色各不相同呢？19 世纪的人们是不知道的，这是原子物理学的范围了。

今天实验室里的"本生灯"，是科学家本生发明的一项技术性工具，是一种有充分空气供应的煤气灯。由于空气供应很充分，这种火焰几乎没有颜色，而且热量很高，十分有助于观察颜色。

德国的化学家本生（1811～1899 年）与他的同事克希霍夫（1824～1887 年）利用这种灯研究了很多元素的燃烧发光。

他们用铂金丝将各种盐类慢慢靠近火焰，就可以观察到盐类上燃烧的蒸气光谱。"我们面前的这些现象，属于人造的最辉煌的光学现象。现在我们只看到与燃烧的盐相应的光谱，这种光谱以最大的光泽出现，而在以前的实验中，光谱的最大特点被酒精光所遮蔽。"

本生与克希霍夫断定金属有其特殊的焰色反应。为了进一步使不易熔解的金属化合物呈现焰色反应，他们二人还利用了电火花，因为电火花提供的火光很强。

白炽的固体光谱是连续的。由于元素的光谱与其含在哪种化合物中无关，那么检验某种元素的一种好方法就是焰色反应。在检验中，一种化合物的各种元素的光谱不会相互干扰或影响。但主要的是，本生和克希霍夫提供的验证方法显示了极大的灵敏度。本生描述说，在一次实验中，三百万分之一毫克的钠已经足够获得一个清晰的光谱了。

运用光谱分析，人们不久发现了在研究中一直被忽视了的一些化学元素，因为它们只是出现在极微量的分布中。像铷和铯，就是本生通过焰色发现的。后来通过光谱，又发现了铟、镓、铊的存在。未知化合物的成分也可以通过光谱分析确定。

弗劳恩霍费尔曾经观察到，太阳光谱的两条暗线刚好处在实验室实验中钠光谱的明线位置上。莱昂·富科和本生以及克希霍夫是这样解释的：如果亮光落在较不亮的钠蒸气上，那么就会出现"钠线的逆变"。光谱中，原来明线的位置到现在比其余部分暗。使用相应的实验方法，其他化学元素的光谱线也有同样的情况。

其原因是什么呢？

发光的气体和蒸气吸收它们自己放射的颜色。除了发光体的光引起的发射光谱外，还有吸收光谱。光通过发光的气体和蒸气时，就产生了吸收光谱。这时，吸收光谱在某种程度上就是发射光谱的"反面"。吸收光谱中属于某一元素的暗线所处的位置，恰好是没有吸收时发射光谱的明线所处的位置。

这种认识解释了太阳光谱中弗劳恩霍费尔线的形成。

克希霍夫这样写道：

"为了解释太阳光谱的暗线，必须承认，太阳的大气包围着发光体，发光体本身只产生没有暗线的光谱。人们可以做的假设就是，太阳是一个固体的或流体的高温的核，四周是温度略低的大气"。

太阳大气中的元素吸收了"自己的"光，因此形成了暗线。事实上进一步的测量和比较表明，地球上有许多元素在太阳大气中是炽热的蒸气。只要扩大研究恒星的光谱，就会发现，"地球上的"元素在恒星上也存在。

在化学史上，有一个元素的发现第一次是在太阳上。

当时人们已经知道怎样安放和遮暗附有光谱仪的望远镜，以取得太阳四周炽热气体层的光谱，而不是太阳本身的光谱。所以，分光镜显示的不是吸收光谱，而是发射光谱。正常情况下暗的弗劳恩霍费尔线显得明亮了。英国天文学家和物理学家约瑟夫·诺尔曼·洛克耶在这里观察到一个明亮的黄线，这个位置是属于一个未知的元素的。洛克耶猜想原因是地球上存在一个未知的元素，他命名为氦。几乎过了30年，1895年地球上的氦才被发现，而且是在某些矿物之中，有微量的氦。新元素第一次发现于太阳，后来才发现于地球，这是一个令人信服的证据，证明同样的元素也存在于天体之说。

从此，光谱分析在天文学和天文物理学方面建立了丰功伟绩。

人们从星球的光谱可以推断其表面大气温度，由此又可得到星体本身温度的要点。

光源的光谱中存在细微的，只有用最精密的手段才可以测得的偏移，偏移取决于光源朝我们来或离我们去的运动速度，根据这一点，可以用光谱分析来测定恒星速度。

19 世纪迅速发展的摄影技术，为光谱分析作出了贡献。

目前光谱分析已从可见光到不可见光，可以对遥远星球的化学成分进行测定，证明了化学元素的普遍存在。

19. 迈克尔·法拉第的故事

1791 年，迈克尔·法拉第生于英国伦敦。

如今电已经成为人们生产、生活所不可缺少的重要组成部分。电作为一种客观存在的物质，经过漫长的历史过程才逐渐被人们认识，法拉第发明发电机后，它才广泛应用到人类生产、生活的各个领域。

人类对电的认识，经历了一个漫长的过程。

公元前 6 世纪，希腊哲学家就曾记载了用布摩擦过的琥珀能够吸引毛发的现象。中国古籍中也有"琥珀拾芥"的记录。到 18 世纪，人们又发现电有两种，称为"正电"和"负电"，并且确立了"同性相斥，异性相吸"的规律。

1752 年，美国科学家富兰克林冒着生命危险，做了一个永垂科学史册的所谓"费城试验",证明电和闪电是同样的物质。1785年,库仑用实验方法在量值上确定了电荷间相互作用的定律,同时确定了电荷的定量意义。库仑定律奠定了静电学的基础。

1780年,意大利科学家伽伐尼进行过青蛙肌肉收缩的实验,发现了动电。意大利物理教授伏特对这一实验作出解释,认为这是由于一种"电的激发力"引起伽伐尼电流。1800年春,伏特发明了电池,成功地将化学能转化为电能。由此,电流可以源源不断地获得,电流成为科学研究的重要对象,电流的化学效应和热效应也随之发现。伏特发明电池使人类从静电时代走向了动电时代。

1819年,奥斯特发现电流的磁效应,电流有使磁针偏转的作用,人类又认识到磁现象与电现象之间的内在联系。

1820年到1830年期间,电学的研究工作发展很快。欧姆、安培、毕奥、沙伐等人都有不少的发现,其中除有关电流强度的欧姆定律以外,主要的有电流与电流所产生的磁场之间有量值上的关系的毕奥—沙伐定律,以及磁场对通有电流的导体和线圈的作用的安培定律。安培还初步阐明了磁性的微观本质。一系列的发明发现逐步卸下了电学身上的魔衣,露出它那熠熠的科学光芒。

对电磁学的发展贡献最大的无疑是英国的法拉第。

1813年3月,著名化学家戴维推荐法拉第到皇家研究院实验室做自己的助理实验员,从此法拉第走上了科学研究的道路。

1820年,奥斯特发现电流的磁效应,受到科学界的关注,1821年,英国《哲学年鉴》的主编约请戴维撰写一篇文章,评述自奥斯特的发现以来电磁学实验的理论发展概况。戴维把这一工作交给了法拉第。法拉第在收集资料的过程中,对电磁现象产生了极大的热情,并开始转向电磁学的研究。他仔细地分析了电流的磁效应等现象,认为既然电能够产生磁,反过来,磁也应该能产生电。于是,他企图从静止的磁力对导线或线圈的作用中产生电流,但是努力失败了。经过近 10 年的不断实验，到 1831 年法拉第终于发现，一个通电线圈的磁力虽然不能在另一个线圈中引起电流，但是当通电线圈的电流刚接通或中断的时候，另一个线圈中的电流计指针有微小偏转。法拉第心明眼亮，经过反复实验，都证实了当磁作用力发生变化时，另一个线圈中就有电流产生。他又设计了各种各样实验，比如两个线圈发生相对运动，磁作用力的变化同样也能产生电流。这样，法拉第终于用实验揭开了电磁感应定律。法拉第的这个发现扫清了探索电磁本质道路上的拦路虎，开通了在电池之外大量产生电流的新道路。

1831 年 10 月 28 日，根据这个实验，法拉第发明了圆盘发电机。这个圆盘发电机，结构虽然简单，但它却是人类创造出的第一个发电机。现代世界上产生电力的发电机就是从它开始的。

1831 年 11 月 24 日，法拉第在论文中把产生感应电流的情况概括成五类：变化着的电流；变化着的磁场；运动的恒定电流；运动的磁场；在磁场中运动的导体。他指出：感应电流与原电流的变化有关，而不是与原电流本身有关。他将这一现象与导体上的静电感应类比，把它取名为"电磁感应"。为了解释电磁感应现象，法拉第曾提出过"电张力"的概念，后来在考虑了电磁感应的各种情况后，认为可以把感应电流的产生归因于导体"切割磁力线"。法拉第在电磁感应现象发现 20 年后，1851 年有人又得出了电磁感应定律。

1886 年，威斯汀豪斯成立了西屋电机公司，在马萨诸塞州的大巴林顿设立了一家实验工厂开始发电。其后又在纽约州的布法罗成立了第一家商业用交流电灯厂。为解决输电、直流变交流、高压变低压等一系列电气应用技术问题，一批西屋电机公司工程师发挥了重要的作用。如威廉·斯坦利对变压器的改进，奥列夫·沙伦伯格发明交流感应电表，尼古拉·特拉斯发明感应电动机（1889 年）并取得多项电动机的专利，L·B·史迪威制作电压调整器，本杰明·

兰门改进了鼠笼式感应电动机以及第一辆实用电车电动机，变交流为直流的转动变换器。1892 年，西屋公司在芝加哥博览会上装置了当时最大发电能力为 1000 匹马力的发电机。1894—1895 年，又在尼亚加拉大瀑布地区利用水力装置了 3 部水轮发电机，发电能力分别为 5000 匹马力。1892 年，在查尔斯·科芬的力促下，爱迪生通用电力公司和汤姆生－豪斯顿公司合并成立了通用电气公司。伊莱休·汤姆森发明了瓦特计和电焊之电阻法。

人类就此开始进入电力时代了。

20. W·R·哈密顿的故事

19 世纪爱尔兰著名数学家 W·R·哈密顿提出了一个世界著名的问题：周游世界问题。

1859 年，哈密顿拿到一个正十二面体的模型。我们知道，正十二面体有 12 个面、20 个顶点、30 条棱，每个面都是相同的正五边形。

他发明了一个数学游戏：假如把这 20 个顶点当作 20 个大城市，比如巴黎、纽约、伦敦、北京……，把这 30 条棱当作连接这些大城市的道路。

如果有一个人，他从某个大城市出发，每个大城市都走过，而且只走一次，最后返回原来出发的城市。问这种走法是否可以实现？

这就是著名的"周游世界问题"。

我们如果知道七座桥的传说，就会意识到这是一道拓扑学研究范围内的问题。

解决这个问题，方法很重要。它需要一种很特殊的几何思路。

这种题是不能拿正十二面体的点线去试的。

设想，这个正十二面体如果是橡皮膜做成的，那么我们就可以把这个正十二面体压成一个平面图。假设哈密顿所提的方法可以实现的话，那么这 20 个顶点一定是一个封闭的 20 角形世界。

依照这种思路，我们就进入了最初步的拓扑学领域。最后的答案是，哈密顿的想法可以实现。

哈密顿是一位首先提出"四元数"的人。这个成果至今还镌刻在他天才火花闪现的地方。

复数可以用来表示平面的向量，在物理上有极其广泛的应用。人们很自然地联想到：能否仿照复数集找到"三维复数"来进行空间量的表示呢？

1828 年开始，哈密顿开始悉心研究四元数。四元数属于线性代数的组成部分，是一种超复数。但在哈密顿以前，没有人提出四元数，哈密顿也是要解决空间量表示而研究的。

研究了十多年，哈密顿没有丝毫进展，他是一个数学神童，少有难题，这次可真遇上麻烦了。到 1843 年，哈密顿研究了整整 15 年。

有一天下午，夕阳无限，秋色爽丽，风景宜人。哈密顿的妻子见丈夫埋头研究问题，几乎不知寒暑不问春秋，于是很想让他外出放松一下，调节一下身体。

她说："亲爱的，外面的自然即使不比你的数学更有趣，但也不会逊色的，快出去看看吧，多么美丽的秋天呀！"

哈密顿在妻子的劝说下，放下手头的问题，走出书房。

夫妻二人散步，不知不觉来到护城河畔。秋风柔和而凉爽，河面波光粼粼。清新的空气带着成熟的果香和大自然土壤的芬芳使人精神振奋，思维清晰。

他们陶醉在大自然中，这时暮色苍茫，晚景宜人。二人来到玻洛汉姆桥，对着清新的水汽，望着万家灯火，哈密顿的头脑在若有若无之中思考，似乎远又似乎近，似乎清楚又似乎模糊的东西久久在脑海萦绕。招之不来，挥之不去。突然之间，这些印象似的感觉都变成了亮点，以往的迷雾全部消失弥散，思维的闪电划过头脑的天空。哈密顿眼前豁地亮了，那些澄明的要点一一显露。

哈密顿迅速地拿出随身携带的笔记本，把这令人欣喜若狂的结果记录下来。15 年来，整整 15 年，终于在这里找到了解法！

借着这个时机，哈密顿大踏步地飞奔回家，一头扎进书房，废寝忘食。一连几天，几乎不动地方，全神贯注地书写并且不时地演算。在几寸厚的稿纸中，哈密顿整理出一篇划时代意义的论文。

1843 年 11 月，数学界被轰动了，哈密顿和爱尔兰科学院向世人宣布了"四元数"。

哈密顿证明了，要想在实数基础上建立三维复数，使它具有实数和复数的各种运算性质，这是不可能的。

1853 年，哈密顿写成《四元数讲义》，于 1857 年发表。在他逝世后第二年，即 1866 年发表了《四元数原理》。

哈密顿敏锐地感觉到四元数的物理学意义。只可惜，他没能目睹四元数的变革作用便离开人间。

伟大的麦克斯韦正是在哈密顿四元数理论基础上利用向量分析的工具走出迷茫，得出举世闻名的电磁理论的。

四元数的研究，推动了向量代数的发展。在 19 世纪，数学家证明了超复数系统，人类思维达到了空前广阔的领域。

直到现在，爱尔兰都柏林玻洛汉姆桥，哈密顿驻足之处，仍立着一块石碑，碑铭记载："1843 年 10 月 16 日，威廉·哈密顿经过此桥时，天才地闪现了四元数的乘法，它与实数、复数显著不同。"

谁又知道，驻足缅怀的人中有几人能知科学探索的"灵感闪现"背后是数载的艰辛呢？

21. 弗里德里希·维勒的故事

在化学发展史上，有机物与无机物之间曾经横亘着一条鸿沟。人们认为有机物来自活的机体，是生命化学研究的对象。无机物则与生命无关，是传统化学研究的对象。生命化学是一门神秘莫测的学科，它所遵循的规律与传统的化学学科完全不同。到了 1828 年，这一认识被一位年轻人改变了。他用无机物人为地合成了有机物，打破了生命与无生命的界限，并指明了有机化学的合成方向。这位年轻人就是德国著名化学家弗里德里希·维勒。

维勒于 1800 年 7 月 31 日出生于莱茵河畔法兰克福附近埃斯欣姆的一个医生家庭。他的父亲在当地颇有名望，父亲希望他长大以后，能够光大这个家庭的医学传统，成为一代名医。当他还在上中小学的时候，父亲就不断给他灌输这种思想。

要当医生，就得了解药物。而要了解药物，不懂得化学是不行的。所以，在课程之余，维勒还有意识地翻阅了一些化学书籍。阅读的结果，他的兴趣发生了转移，深深地喜欢上了化学这门学科。上中学时，在完成了老师布置的学习任务之后，他还常常在家里偷偷地按照化学书上的叙述做实验。化学实验给他带来了无比的愉快，他不再企盼着长大后去当名医，而是希望有朝一日能够从事化学研究。

20 岁那年，维勒中学毕业，该上大学了。这时的维勒，已经不是过去那个又高又瘦、长着一副大耳朵、看上去快乐无比、滑稽淘气的孩子，而是一个身材颀长、举止文雅的青年了。这年秋天，他考上了马尔堡大学。在选择大学专业的时候，他不愿惹父亲生气，于是就按父亲的意愿，选择了学医。

在大学里，维勒的生活紧张而又充实。在认真学好医学专业的同时，他对于自己心爱的化学实验仍然不能忘怀。他尽量科学安排时间，所有的功课都在白天完成，以此来保证他的医学专业的学习质量，而晚上的时间则留给自己。一到晚上，他一回到自己的住所，就满怀激情地投入化学实验。他几乎天天都要把做实验用的那些瓶瓶罐罐摆弄一番。哪天没做实验，他就睡不踏实。房东喜欢把房间打扫得干干净净，整顿得有条有理，在那样的环境里，他倒觉得不自在。

正是因为有了这样的钻研精神，没用多久，他就在化学研究方面有所收获了。上大学二年级时，他发表了第一篇化学研究方面的论文，刊登在《吉尔伯特年鉴》上。文章虽然不长，但很有新意，因此得到了欧洲"化学巨人"——瑞典著名化学家贝采利乌斯的肯定。初试牛刀就得到了名家的赏识，这更加坚定了维勒选择化学研究作为终身事业的决心。他虽然仍在医学专业学习，但他已经把自己的心交给了化学。

不久，他转学进入海德堡大学。海德堡大学有一位叫做列奥波德·格美林的教授，是德国著名化学家，被誉为"海德堡的贝采利乌斯"。维勒就是冲着他，慕名而去的。当然，在海德堡大学，他的专业仍然是医学。

不料，当他找到格美林教授，表达了自己愿意跟着他听课的愿望时，格美林教授却表示反对。教授对他说："维勒先生，您现在掌握的化学知识，已经超越了我讲课的范围。您没必要再浪费时间，听这些对您来说已经过时了的东西。"

维勒以为格美林教授在婉言谢绝他，觉得很失望。可格美林教授接下去的话却让他喜出望外。格美林教授说："您要来听我的课，我是不会同意的。可是如果您愿意来我的实验室工作，那我会感到很愉快。我相信您会在我的实验室里做出新的、更有意义的成果。"

到格美林教授的实验室里做实验，这是他连想也不敢想的事情。他没有任何犹豫，就一口答应了。从那以后，他就成了格美林教授实验室的常客。

没想到，海德堡大学另一位知名学者蒂德曼教授对此有了意见。蒂德曼教授是著名的医学家，他对维勒的才华也很欣赏。他觉得，维勒如果不好好读医学，就太可惜了。他不愿意医学界失去这位后起之秀，他想亲自指导维勒攀登医学科学高峰。

两位名师争徒，这真出乎维勒意料。能得到他们中的任何一位的指导，对一般学生来说都是天大的好事，可维勒一下子得到了两个人的垂青，这怎能不让他受宠若惊？他尊重、景仰蒂德曼教授，可他也不愿意改变自己的选择，这可怎么办呢？他把自己的真实想法告诉了两位导师，两位导师协商的结果：决定采取折中方案，让他研究生理学中的化学问题。就这样，维勒在这两位大师的指引下，以一种独特的方式，走上了化学研究道路。

根据蒂德曼教授的建议，维勒选择尿素作为自己的研究对象。尿素是有机体新陈代谢排泄出来的废物中第一重要的化学物质，研究尿素对于当时的生理学有一定的学术价值。正因为这样，蒂德曼教授才把这项课题交给了维勒。

按照蒂德曼教授教给的方法，维勒经过刻苦钻研，终于在1823年，从动物尿和人尿中分离出了尿素。接着，他又在格美林教授的指导下，对尿素的化学成分做了全面分析。格美林教授的分析方法非常先进，维勒运用这种方法，精确地测定了尿素中氮、氢、氧和碳的成分，得到了一批数据，并由此查明了尿素的一些重要性质以及它在动物体内的生理作用。他的工作做得非常好，正是由于这项研究，维勒年仅23岁就获得了海德堡大学的医学博士学位。

获得博士学位以后，维勒来到瑞典的斯德哥尔摩大学贝采利乌斯实验室，为他仰慕已久的贝采利乌斯做助手，跟随这位"化学巨人"一道从事研究工作。在那里，他进一步充实了自己，学到了更为先进的实验和分析方法。而且，他还与贝采利乌斯成了莫逆之交。在日后的岁月里，两人的学术观点时有不同，但他们的友谊却一直保持了下来。

在斯德哥尔摩待了一年以后，*1825* 年，他又回到了自己的祖国，在柏林化学和矿物学校当了一名化学教师。在这所学校，他的薪金很低。本来他可以在其他学校得到更高的薪金，但他认为工作环境和研究条件比工资更重要。他看中的是该校的化学实验室。正因为这样，他才愉快地接受了柏林化学和矿物学校校长的聘请。

在学校里，维勒一方面负担繁重的教学任务，一方面尽量利用业余时间搞科研。他的兴趣一开始是在无机化学上，在不长的时间之内，他就做出了一系列令人瞩目的成就。他研究出了分离金属铝和铍的方法，还发现了碳化钙，指出碳化钙能迅速与水反应生成可燃性气体乙炔。他还差一点就成了世界上钒的第一位发现者。

这些工作，使得他在化学界崭露头角，成了一颗冉冉升起的新星。

在博士毕业后的最初几年里，维勒取得了丰硕的成果。不过，与他接下去的工作相比，上述成果就显得次要多了。

那时，他一直在关注氰酸和氰酸盐的研究。氰酸和氰酸盐都含有氰酸根，氰酸根是一种在性质上与氯离子很相近的酸根，它能与氢原子结合，生成氢氰酸。氢氰酸在与强碱反应时，可以生成相应的盐。根据这一性质，维勒用氢氰酸与有关氢氧化物进行反应，制得了不同的氰化物，并对这些氰化物的性质做了较长一段时间的研究。

一天，维勒在查阅杂志时，读到了德国化学家尤斯图斯·李比希的一篇文章，从中知道李比希正在进行与自己相似的研究。于是，他立即给李比希去信，建立了工作联系。从那以后，两人成了同一课题的竞赛者，最终还成了好朋友。

维勒在那篇文章中发现，李比希在研究中也得到了自己所制得的那种氰化物，可是他对那种物质性质的描述却与自己所知大不相同。李比希描述说，他制得的那种氰化物具有猛烈的爆炸性能，甚至在合成过程进行之中，稍有不慎也会引起爆炸。而维勒所得到的同一种氰化物却非常稳定，根本不会爆炸。为什么会是这样的呢？同一种物质，不可能出现如此截然相反的性质。答案只能是他们中的一个人出了错误，这个人如果不是李比希，那就是维勒。

为了证明自己是正确的，两个人都在艰苦地工作着。维勒在探讨这个问题的过程中，制备出了氰酸氨这种物质。他将氨溶液与氰酸混合，然后加热蒸发。根据化学原理，氨是碱性的，它与氰酸这种酸起反应，得到的应该是氰酸氨这种盐。

维勒得到的氰酸氨是一种不透明的晶体。按常规，得到了这种晶体之后，应该对其性质进行分析。分析的方法之一是将其与氢氧化钾在一起加热。从性质上来说，当氰酸氨与氢氧化钾在一起加热时，钾离子置换出了氰酸氨中的氨根，氨根与氢氧根结合，生成氢氧化氨，就是我们平常所说的氨水。这样，混合液中应该出现氨的气味。可无论他如何做实验，溶液中始终没有出现氨的气味。再换用其他方法，该晶体同样没有出现氨的反应，也没有出现氰酸的反应。

既然没有出现预期的反应，那就说明加热后的晶体已经不是氰酸氨了。不是氰酸氨，那它是什么呢？要判定它是什么物质，方法只有一个，就是测定它的成分，再与已知物质相比较，通过比较做出判断。

于是，在接下去的日子里，他一遍又一遍地重复氨溶液与氰酸的反应过程，分析那个本应称做"氰酸氨"的晶体的成分。通过实验，数据越来越精确，氮、氢、氧以及碳的百分比含量，已经确凿无疑。望着最后的结果，他十分惊讶，因为这组数据与他做博士论文时对尿素的分析所得完全一致。也就是说，他用人工合成的方法，从无机物中制得了尿素。

用人工方法合成了尿素，这一结果使维勒非常吃惊。按传统观点，只有活组织才能形成尿素，可现在他却用无机物把它制造出来，而且仅仅是加了一下热。

为了证实自己的发现，维勒将这个实验重复做了许多次，每次都得到了相同的结果。经过一再验证，他终于肯定，自己确实制造出了尿素。1828年，他把自己的研究成果写成了一篇总结性的论文：《论尿素的人工生产》，公布于世。与此同时，他还把这一发现写信告诉了自己的老师贝采里乌斯和朋友李比希，请他们对自己的工作进行评价。他觉得，贝采里乌斯未必会同意他的观点，但他，需要听取贝采里乌斯的意见。

果然，贝采里乌斯不同意他的见解。

贝采里乌斯的反对是有原因的。当时，有机化学还处于概念不清的阶段，很多人认为有机物就是专指动植物组织。18世纪末生物学界广泛流行的活力论，对有机物的研究也带来了某种神秘色彩。贝采里乌斯深受这种观点影响，他还对之做了系统表述。他认为，化学物质分为两类，一类是无机物，与生命无关；另一类是有机物，它来源于有生命的组织，含有生命力。无机化学的定律并不全都适合于有机物。贝采里乌斯相信在制成有机物时需要"生命力"，而"生命力"在实验室里是不可能找到的，因此化学家不可能在没有生命组织的帮助下，从无机物合成有机物。这就是说，在有机化学和无机化学之间横亘着一条鸿沟，它们是不可逾越的。

贝采里乌斯的观点在当时很有代表性，维勒在海德堡大学的导师格美林教授就是这一观点的忠实拥护者。

但是这一鸿沟现在被维勒打破了。他居然在实验室里人工合成了尿素。贝采里乌斯一开始不相信这一事实。可许多化学家都重复了维勒的实验，得到了相同的结果。于是贝采里乌斯又觉得，氰酸氨本身也许就是有机物，那么用它来制得尿素不能说明什么问题；或者尿素并不是真正的有机物，那么用氰酸氨制得尿素也说明不了什么。总而言之，用氰酸氨制造出尿素来，不能说明有机物与无机物的鸿沟已被打破。

李比希则对维勒的工作评价很高。他与维勒之间关于氰化物的那段公案已经了结。贝采里乌斯与法国著名化学家盖－吕萨克都已证明，李比希和维勒得到的物质分子式是相同的，但其性质确实不同。贝采里乌斯把这种具有相同分子式的不同化合物称为同分异构体。这一概念表明，相同原子的不同排列会导致不同的化学性质。结构化学就是在这一概念引导下发展出来的。由此可见，他与维勒的这场科学竞赛，导致了结构化学的诞生。因此，这场比赛，两人都是赢家。但李比希没有想到的是，在这场竞赛中，维勒竟然意外地人工合成了尿素，摘了一个大苹果。

不过李比希并不嫉妒，他对维勒的成就表示衷心的祝贺。同时，他也及时调整了自己的科研方向，把注意力转到了有机物的人工合成方面。在随后的岁月里，他与维勒密切合作，从事有机化肥的研究。两人的合作，使得德国在这个领域里遥遥领先于世界其他各国。李比希也因为在有机合成方面的卓越成就，而成为德国有机化学学科的带头人。

维勒的工作还大大鼓舞了其他化学家。在他的启发下，很多化学家开始转而从事有机合成实验。1845 年，德国化学家科尔贝人工合成了有机物醋酸，接着人们又合成了葡萄酸、柠檬酸、苹果酸等有机酸；1854 年，法国化学家贝特罗人工合成了油脂类物质；1861年，俄国化学家布特列洛夫人工合成了糖类物质……正是在这样一系列的进展中，贝采里乌斯等人逐渐放弃了自己的"生命力"学说，承认有机物可以在实验室里被人工合成出来。有机物与无机物之间的鸿沟就这样慢慢地被填平了。

人工合成尿素的工作，使得维勒在德国化学界的地位大大提高。1836 年，哥廷根大学的化学教授斯特罗迈耶去世之后，维勒被任命去接替他遗留下来的空缺。这一任命是从包括李比希在内的许多候选人中选出来的。不过，他跟李比希之间的友谊并未因此而受到影响。

1854 年，维勒被选为英国伦敦皇家学会会员，1872 年获得该会的科普利奖。他还是法国科学院的院士，并担任过哥廷根化学研究所所长、汉诺威药房的监察主任等重要职务。1882 年 9 月 23 日，他在哥廷根与世长辞。就在他去世之前，他所开创的有机化学的人工合成方向，已经发展成了浩浩荡荡的化学研究的新洪流。对此，人们永远铭记着他的功绩。

22. 罗伯特·富尔顿的故事

人类文明的发展依赖交通工具的进步。五湖四海，山河茫茫。一去经年，数载不回的场面是古代所有人都经历过的痛苦。

人是陆地动物，在水上更是无法全力施展自身的能力，大江大河、大洋大海阻断了陆上交流，但自古就有勇敢的人漂洋过海，凭借木制、铁制等等原始的船，以风力这种自然力为动力，航海远行。

然而这样的水上航运费时费力，危险极大。

人们在科技进步的同时，没有忘记努力改进水上交通工具。

瓦特发明了蒸汽机，为动力提供了广阔的天地。瓦特本人有很多天才的创见，他指出应用新的蒸汽机会改进车辆、船只和很多动力设备带动的工具，但是瓦特的主要精力放在蒸汽机的改进上，他自己没有过多的时间和精力去设想蒸汽机的应用。

这些应用的任务有待后人进一步探索并实现。于是各行各业有了很多发明，矿山、冶金及纺织、机械等部门不断地利用蒸汽机带动设备，获得极高的效率。

第一个航运改革值得纪念的人是美国人菲奇，他没能产生影响，作为一名致力研究的人，没能受到重视，他的经历带给后人很多思索。

菲奇于1743年出生于美国。他利用瓦特的新产品——双向式蒸汽机来结合帆船，研究了将近三年。他设想过螺旋器，可以起推进作用并且制作了推进器的模型。

经过多方面努力，出身普通的菲奇艰难地筹措到了一部分资金，研制出了四艘汽船。他的桨式汽船成为世界第一代汽船。但是他没有雄厚的资金作保障，也没有人帮助，只好投诸实用想挣一些钱以供研究。

投入使用的汽船却没有引起人们的关注，乘客也十分稀少。船只还需要维护修理，他的营业越来越困难。1790年，菲奇最先进的一艘汽船在载客途中失灵，更加使人们不满。要知道，新发明哪有一帆风顺的！但是没有人支持菲奇了，人们对他的研究十分漠然。

菲奇中断了他的事业，1798年，在穷困潦倒中死去。

在菲奇之后，有一个人投入到汽船的研究，他产生了巨大的影响，并最终将蒸汽动力用于航运，使航运开始跟上蒸汽时代的脚步。

他就是"轮船的发明人"——罗伯特·富尔顿。

1797年，富尔顿在法国曾经研制了潜水艇，但是实际使用起来很不理想，因此也没能继续下去。

在法国时，富尔顿研制好了一艘轮船，它用瓦特蒸汽机做动力，用明轮桨做助推工具。一天，富尔顿在塞纳河上试航，人们听说研制了水面"怪物"，纷纷跑来观看。船开动了，顶风逆水而行，船缓缓地前移，发出轰轰的声音。

人群中突然有人笑了起来："哈哈，瞧它慢得像什么？"

"蜗牛！"

"又笨又重！"

"又呆又傻！"

人们七嘴八舌讥讽着这艘刚刚起步的汽船。

还有一人大叫：

"看我的！"

只见他在岸边，竟然与轮船一起行走，不一会儿，他竟然超过了汽船，而船却落在后面了！

人们更加开心，哄然大笑。

富尔顿毫不气馁，他对人们说，新发明需要人爱护，要有向前看的眼光，才能有正确的意识。

但是没有人感兴趣。为此，富尔顿向拿破仑建议，希望政府能出资金帮助他。可是拿破仑一见富尔顿，哈哈大笑："尊敬的先生，您让我用它来做什么？打仗？我的军队会在船里饿死的！"

拿破仑这位军事天才也不是全能的，没有想到汽船今后的重大作用，而只顾了眼前利益。

富尔顿同菲奇一样，遭受了打击。

更为沉痛的是，狂风摧毁了轮船，富尔顿只好从头开始。

1806年，富尔顿回到美国，寻找支持者。幸运的是他遇上了发明家列文斯顿。列文斯顿很富有，是一位农场主。在他的资助下，富尔顿解决了吨位重量与推动力的难题，提高了船的速度。

成功的日子到来了。

1807年7月4日，富尔顿成功制造的一艘新汽船停泊在美国纽约附近的哈得逊河上。

这艘船样子十分奇怪，表面上看去是木制结构，在船上有一个冒着浓烟的烟囱，船上有船帆，但却没有摇橹的人，当然也没有橹。

富尔顿把这艘船命名为"克莱蒙特"，这次来观看的人依然是人山人海。

人们听说在法国富尔顿曾经失败，都想看看这位发明家的新成果如何。

富尔顿邀请了一些有名望的人，有学者，还有贵族，其中还有很多是他的朋友。富尔顿为大家讲解轮船的性能，并且介绍了它的稳定性。

这回的试航十分成功。人们惊奇地发现，新轮船比帆船要快，而且乘客们感觉很平稳，让人十分舒适。

这艘船运行了 32 个小时，从纽约到奥尔巴尼共行程 240 公里。

一时间，搭乘这艘"克莱蒙特"号成为时尚。

不久，美国的史蒂芬逊工程师也发明了"菲尼克斯"号汽船，但富尔顿成为世界上第一位发明汽船的人，人们把菲奇忘记了。

这时的轮船还不是真正的轮船。

因为设计师采用的是明轮推进，而不是螺旋桨。明轮就像车轮，所以，汽船就像车在地面上行驶一样在水面上行驶。

1814 年，富尔顿采用明轮为美国海军制造出了蒸汽军舰，威力无比。拿破仑后悔也没有办法了。人们的重大发明往往会被首先用于装备军事力量，轮船也不例外。

1836 年，螺旋桨研制成功，船真的成为了"轮船"。1838 年，商船"天狼星号"完全利用蒸汽动力横渡大西洋，航运终于全面进入蒸汽时代。

23. 亨利·贝色麦的故事

在现代工业生产中，钢铁的重要性尽人皆知。曾有人把钢铁形象地比喻成工业生产中的元帅。而让这位元帅升帐的人，是19世纪英国的发明家亨利·贝色麦爵士。

贝色麦是英国哈福德郡人，于1813年1月19日出生于该郡的查尔顿。这里离伦敦不远，经济比较发达。在工业革命时期，以伦敦为中心的英国东南部地区，机器工业发展得特别迅速，贝色麦就生活在这个地区，从小就受到了工业化生产的熏陶。

贝色麦的父亲原籍法国。法国大革命爆发后，迁到英国定居。关于他父亲的情况，诸书说法不一。有的说他是个发明家，有的说他是一位工程师，还有的说他是工厂主。不管怎么说，他的父亲熟悉工程技术，这是没有疑问的。

正是因为生活在这样一个家庭里，所以贝色麦从小就具有接受技术教育的有利条件。贝色麦一生中没有受过多少教育，只上过小学。他后来的知识，都是在实践中自学的。贝色麦的父亲开办了一家工厂，父亲的工厂就是他学技术的学校。他一生中有许多发明，为完成这些发明所需要的技术和知识，大部分都是在他父亲的工厂里学到的。

贝色麦生性聪颖，爱动脑子。还在很年轻的时候，他就表现出了从事发明创造的才能。18岁时，他离开故乡，只身一人到伦敦去谋求职业，独立生活。这时，英国的工业革命已经进入完成阶段，科学技术方面的各种发明，不断涌现出来。这种时代环境，为贝色麦提供了一个大显身手的机会。据说，他在伦敦工作期间，就已经有了多种发明。

不到 20 岁时，他就发明了一种机械冲压法，可以用冲压的方法在邮票上自动加盖邮戳。他的这一发明引起了英国政府的注意，很快就被采用了。由于使用这种机械，不仅邮局工作人员减少了很多麻烦，而且政府每年可以挽回 50 万英镑的经济损失。不过，英国政府没有因此给他以奖赏，不少人觉得他只不过是个毛头小伙子，而那项发明看上去也算不上复杂，用不着给他奖励。这件事对贝色麦刺激很大，他终生都念念不忘。从那以后，他再从事各项发明时，总要设法获得专利证书，以此来保护自己的权益。

贝色麦还发明过一种制造铜粉的机械。铜粉俗称"金粉"，由铜锌合金的黄铜加工制造而成，是一种金色颜料。铜粉因为用途很广，而加工制造又颇费功时，所以在市场上售价很高。贝色麦了解到这一情况后，决心对当时制造铜粉的方法加以改进。

他一方面钻研有关的技术书籍，一方面进行研究和实验，发明出了一种结构简单的制造铜粉的机械。可是，起初用这台机械制造出来的铜粉，既不平滑，又无光泽，同市场上出售的铜粉比较起来，相差很远。于是，他又对这台机械做了多次改进，终于制成了性能完善的机械。贝色麦用这台机械制造的铜粉，完全达到了市场上出售的同类产品的质量。

贝色麦发明了铜粉制造机械后，为了不让外界知道，并没有立即申请专利权，而是把它藏在家里，自己制造铜粉。贝色麦这时的想法是，利用这台机械制造铜粉出售，将获得巨额收入；然后利用这些钱财作为经费，从事研究和制造，以便取得更多的发明。他的这种做法和想法，是可以理解的。

除了以上两种发明外，贝色麦还对排字机做了一些改造。他还研究过玻璃制造工艺，并加以改进，提出了新的制造方法。对于青铜合金，他也进行过较多的研究。青铜既可以通过铸造的方式来生产一般机械零件和艺术品，也可以通过压延的方式来制造板材、棒材、管材等各种半成品。贝色麦经过研究，对青铜片的压延工艺进行过许多改进，获得了人们的认可。

19 世纪 *50* 年代初，俄罗斯与土耳其之间爆发了战争，战火很快蔓延到整个克里米亚，史称克里米亚战争。接着英法联盟也卷了进来，*1854* 年，英法两国向俄罗斯宣战，并派兵进入克里米亚。英国整个国家的注意力都转向了这场战争，贝色麦也不例外，他很想为战争做点什么事情。

首先，他对战士们手里的武器做了改进，发明了一种新式步枪，叫来复枪。这种步枪的枪膛里刻有来复线，它发射出去的子弹以旋转方式向前运动，弹道比较稳定。用这种步枪进行射击，不仅射程远，而且命中率高。实验结果表明，来复枪是一种性能优良的步兵作战武器。

发明了来复枪以后，他又把注意力转向了大炮。当时士兵所用的大炮性能不太好，炮弹出膛以后，因为空气的阻力等因素，常常在空中翻滚，不能保持稳定的弹道，从而影响射击的准确性。贝色麦擅长机械技术，他决定用自己的智慧帮助国家解决这一问题。

从物理学上我们知道，旋转中的物体在运动时，会保持沿转轴方向的稳定。如果枪弹在飞行过程中，能够以飞行方向为轴线旋转，那么它就会避免翻滚现象，保持稳定的弹道。贝色麦就是根据这一原理，发明了来复枪，效果很好。现在，他还要沿着这一思路，制造出来复炮来。

那么，如何才能让炮弹在飞行时旋转起来呢？当然应该像来复枪一样，在炮膛里边刻上来复线，并使炮弹与炮膛密切吻合，这样火药在燃烧时，推动炮弹沿来复线运动，炮弹自然就旋转了起来。大炮装上这种炮弹，就可以打得更远、更准确。

根据这一设想，贝色麦设计出了新型的大炮。他兴致勃勃地把这一设计递交给了英国陆军部。

让贝色麦颇感失望的是，英国陆军部相当保守，对他的发明不感兴趣。于是，他想到了法国。一方面，法国是当时英国的盟友；另一方面，他本人是法国人的后裔，他父亲是法国革命爆发时移民到英国去的。所以，他对法国从内心里有较强的亲近感。就这样，贝色麦带着他的设计，来到了法国。

统治法国的拿破仑三世对他的设计很感兴趣，鼓励他做实验。实验的结果，新式大炮确实打得又准、射程又远。于是，这种炮很快被用来装备部队。可是不久，问题接二连三地反馈了回来：有时炮弹发射出去后力量不足，有时发生卡膛现象，后来还发生了几起炮膛爆炸、炮手伤亡的重大事故。新式大炮不但没有杀伤敌人，反倒毁灭了使用武器的人。军方不得不将这种炮从战场上撤了下来。一时间，人们对新式大炮议论纷纷，而且对贝色麦也产生了怀疑。

贝色麦面临巨大的压力，但他相信自己的设计无误。在他及有关方面的要求下，军方对这些事故进行了仔细的调查。

调查报告不久就出来了。在法国一位大炮专家的介入下，调查报告对事故原因做了正确分析：当时法国和其他国家一样，大炮都是用铸铁制造的。用这种方法铸造的炮膛相应来讲不够规整，很难满足复线对炮膛的要求。而新式大炮的关键之处就在于对炮膛与炮弹之间的间隙有严格要求：当炮弹与炮膛之间间隙偏大时，火药爆炸后的气体会向外泄露，导致弹丸旋转力量不足，效力不大；当炮弹与炮膛之间间隙偏小时，火药爆炸使得炮膛内压力猛增，炮膛内外温度分布不均匀，而铸铁本身坚韧性不够，不耐高压，这就容易导致炸膛。因此，问题出在铸炮所用的材料上。如果能炼出耐高压的坚硬而又有韧性的铁来，新式大炮就不会出问题。

调查报告虽然公布了，但人们对贝色麦大炮造成的事故仍心有余悸，没人敢再按他的设计去制造大炮。他费尽心血研制的新式大炮，转眼就成了一堆毫无用处的废铁。

耐人寻味的是，英法没有采纳贝色麦设计的新式大炮，可他的设计思想却被德国人接受了。1855 年，在巴黎举行的万国博览会上，德国工程师克虏伯展出了贝色麦梦寐以求的钢质来复大炮。大炮试射的结果，发射 3000 发炮弹，炮身安然无恙。事实证实了贝色麦的设计是完全正确的。

面对在法国的挫折，贝色麦没有气馁，他想，只要突破材料这一关，新式大炮就能起死回生。于是，他开始把注意力转移到冶炼工作上来，下决心炼出高强度的铁来，彻底解决新式大炮炸膛问题。

贝色麦所要炼的那种坚硬而又有韧性的铁，实际上是钢。可当时，他对冶铁一无所知，于是，他便从头学起。首先，从冶铁的基本常识出发学起。在短短两三年时间内，贝色麦几乎读遍了有关冶金问题的所有书籍。与此同时，他还到英国各地的炼铁工厂去进行参观，详细考察了当时的炼铁方法。为了把书本上的理论知识与钢铁生产实践更多地结合起来，他还建立了工厂，以之为基地进行实验。经过刻苦的钻研，他终于掌握了有关冶铁的基本知识。

在贝色麦做实验的年代，制造业用的铁，基本上只有两种。一种是铸铁，也就是生铁。它的含碳量高，很坚硬，但也很脆，抗张强度小，主要用于熔化后铸造发动机的汽缸、机座以及其他产品等。生铁因为质地坚脆，所以容易断裂，这是它的一大缺陷。贝色麦设计的新式大炮，就是用生铁铸造的。

另一种是抗张强度大得多也柔韧得多的熟铁。熟铁因为比较软，所以可用锻、压和其他成型方法，来制造铁轨、船壳、桥梁和各种机器部件。这种铁因为质地柔软，在高压情况下容易变形，因此其用途也受到较大限制。

直接从炼铁炉里炼出来的铁是生铁，生铁的含碳量很高，在 2%以上。设法把生铁中所含的碳去掉，就得到了熟铁。熟铁的含碳量

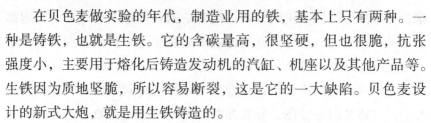

一般在 0.04% 以下。含碳量介于二者之间的，是钢。相对于生铁和熟铁而言，钢的性能非常优越，既坚硬又有韧性。但在当时情况下，钢的制造非常困难，因此它很昂贵，被人们视为珍贵金属。要用它来铸造大炮，显然是不现实的。当然，如果能找到廉价快速制造钢的方法，则又另当别论。现在，贝色麦所做的，就是要找到这种方法。

传统炼钢方法是先把生铁炼成熟铁，然后再往其中加入适量的碳使其变成钢。要把生铁变成熟铁，当时采用的是氧化法，即向生铁中加入氧化剂（一般是铁矿石），加热使其处于熔融状态，这时生铁熔液中的碳就会与氧化剂起反应，从而被脱去。

贝色麦认真研究了把生铁变成熟铁的方法。他把经过仔细称量的铁矿石加进生铁中，然后将混合物加热，使其处于熔融状态。铁矿石的主要成分是氧化铁，在高温条件下，氧化铁中的氧原子与生铁中的碳原子结合而生成一氧化碳，一氧化碳进一步燃烧变成二氧化碳逸出。这时，炉子中留下的就是熟铁。

根据实验结果，贝色麦想到：既然把生铁中的碳原子氧化就可以得到熟铁，为什么不能用别的加氧方法把碳烧掉呢？例如用鼓风机直接向生铁熔液吹风，这样空气中的氧气就会与生铁熔液中的碳原子反应，使其脱碳，从而得到熟铁。

贝色麦的建议遭到了一些专家的反对。这些专家认为，用鼓风机向生铁熔液吹风时，吹进去的冷空气会使铁水冷却、凝固，从而导致整个冶炼过程停止。

贝色麦没有盲目听从专家的意见。他觉得，自己的建议是否可行，应该通过实验来做出鉴定。实验的结果与专家们的意见正好相反，鼓进去的风不但没有使铁水降温，反而因为其中的氧原子与生铁中的碳起反应燃烧放热，而提高了铁水的温度。

第一次实验时，当鼓风机向生铁熔液中吹风时，本来已经平静的炼铁炉中突然燃烧起来，反应进行得异常激烈，几乎失去控制。这使他非常紧张。他没想到铁水中的碳和其他杂质氧化时居然会放出如此大量的热。好在这一过程只进行了十几分钟。氧化完毕，他才如释重负。实验证明，鼓风法不再需要附加外界燃料，它降低了成本，而且简便易行，确实是一种熟化生铁的好方法。

随着实验的深入，贝色麦进一步想到，在熟化生铁的过程中，如果让反应在适当的时候就停下来，不让生铁中的碳完全脱去，而是让它保留在 2%～0.04% 这样的范围之内，那就直接得到了钢。用不着像传统的方法那样，先由生铁炼出熟铁，再经过熟铁阶段得到钢。当然也就不用再花钱去买进行这些中间过程所需的大量燃料。

为了验证这一设想是否可行，他在伦敦的圣潘克利斯自己开的工厂里，建起了一座固定式的大熔炉，熔炉高约 1.2 米，可以装进 350 公斤生铁，炉底有 6 个风口。贝色麦用它认真做了实验，实验结果证明他的想法完全可行。于是，1856 年 8 月，在切尔滕哈姆南不列颠科学振兴年会上，他作了题为《不用燃料制造熟铁和钢的方法》的报告，介绍了自己的炼钢法，同时还把精心写成的论文送到杂志社发表。从此，他的鼓风炼钢法正式公布于世。1860 年，经过改进的第一个可移动的转炉建成投产。人们一般把这种熔炉称为"贝色麦转炉"。由于它以酸性材料做炉衬，因此这种炼钢法又被称为"酸性底吹转炉炼钢法"。

24. 西门子的故事

在世界近代历史上，德国的西门子一家兄弟四人，都是科学技术方面的杰出人物。四兄弟中最著名的是老大和老二。老二名叫查尔斯·威尔海姆·西门子。他发明了平炉炼钢法；后来，经过法国人皮埃尔·马丁的改进，形成了"西门子—马丁炼钢法"。本文要介绍的是老大，名叫恩斯特·韦纳·冯·西门子。他在电气技术方面有着多种发明创造。

1816 年 12 月 13 日，西门子出生于德国汉诺威附近的林特。他家世代务农。父亲费尔迪南特毕业于哥廷根大学，曾参加过反对法国侵略的斗争，后来从事农业经营。西门子小时候受到良好的家庭教育。接着，先后进入射恩堡市立小学和卢卑克文科中学读书。在上小学和中学时，西门子就不喜欢语文课，而爱好自然科学和技术。他特别努力学习工程建筑，准备报考柏林建筑学院。可是，他父亲有 9 个子女，无力供给西门子升人高等技术院校。因此，西门子 18 岁时，就到马格德堡参军，不久编入炮兵队。第二年，他进入了柏林炮兵学校。

柏林炮兵学校十分重视对学生进行工程技术教育。西门子在校三年期间，努力学习和掌握数学、物理、化学等自然科学知识。有一次在做实验时，由于炮管爆炸，致使他的听力受到很大的损伤。西门子在炮兵学校毕业后，成为一名炮兵少尉。作为年轻的军官，他决心进一步提高自己的科学素养。因此，他把全部业余时间都用来研究科学技术，从事创造发明。

1840 年，24 岁的西门子被调往威丁堡工作。在这里，他一直没有停止过科学研究和实验。然而，在这期间却发生了一件不幸的事情。年轻气盛的西门子因参加一次决斗，违犯了军纪，被捕人狱。监禁期间，他在狱中继续进行科学研究和实验，并且发明了电气镀金和镀银的方法。1842 年，西门子获得这项发明的专利权后，把这个专利权卖给了马格德堡的一个珠宝商人。西门子这项最初的发明，虽然并没有什么特别重大的价值，但是其中包含着对电流的实际利用，因而使人们感到惊奇，并留下了深刻的印象。

西门子出狱后，由于工作岗位经常变动，生活很不安定。起初，他被调到斯潘道烟火工厂，从事研制工作。他用化学方法制造的烟火，施放效果特别好，因而大受欢迎。不久，他又被调到柏林去，除了在柏林兵工厂从事武器弹药的研制工作外，还与别人签订合同，开办了一个镀金镀银制造所。与此同时，他还有多种发明问世。例如：镀镍方法、旋转式快速印刷机上的锌版翻印装置、蒸汽机调节器以及蒸汽机车火花聚集器，等等。这时，西门子不断卖出自己的发明，主要目的就是为了赚钱养家。因为年老的父母和众多的弟妹都需要他照顾。他是一个心地善良的人，又是长子，因此责无旁贷地挑起了家庭生活的重担。

1844 年，西门子的弟弟查尔斯·威尔海姆·西门子迁居英国。

他在英国进行印刷技术研究时，遇到了困难。为了帮助威尔海姆改进印刷技术，西门子曾一度前往英国。途经巴黎时，西门子参观了法国工业展览，受到很大启发。他认识到，必须掌握丰富的科学知识和科学原理，技术发明才会具有坚实雄厚的基础。于是，回到柏林后，他便将发明创造工作暂时停了下来，转向提高学术水平的理论研究。

过去因为家里贫穷，没有能够接受高等教育，实在是太遗憾了。现在有条件了，无论如何也要补上这一缺陷。于是，快要满 30 岁的西门子，到柏林大学去听课。与此同时，又参加了工程学会。在这个过程中，西门子结识了许多专家、学者和科学技术人员。他把科学理论与实践经验结合起来，撰写了一系列论文，如《论用热空气为原动力》、《差动调整器》、《利用电气火花进行速度测量》等等。从 1845 年开始，这些论文先后在《丁勒尔斯工程月刊》、《波根道夫年鉴》等刊物上发表，产生了一定的学术影响。

19 世纪 40 年代，正是有线电报的初创时期。由于电报在人们生活中显示出重要的作用，许多人都在积极从事这项通讯技术的研究。

西门子从 1846 年起，也投入了电报机的研制工作之中。经过多次试验，他设计制成了可控断续手动发报机。这种电报机也叫做指针式电报机。在一次竞赛中，西门子的指针式电报机获得了优胜，被认为是当时普鲁士国家电报网中最为适用的一种电报机。

由于西门子同科技界和军事部门有着广泛的联系，因此指针式电报机很快就成为市场上的畅销货。1847 年 10 月，西门子与柏林一位名叫约翰·哈尔斯克的机械师合作，成立了"西门子—哈尔斯克公司"，研究制造电报通讯设备。就在这一年，西门子发明了一种在电线和电缆上使用绝缘胶的方法。为此，他被聘请到普鲁士国家电报局去工作，在技术方面发挥指导性的作用。

随着指针式电报机的发明和畅销，西门子的名气越来越大了。普鲁士国王腓特烈和太子腓特烈·威廉知道西门子的成就后，非常高兴，立即把他请到波茨坦去，给他们讲解有关电报通讯的知识和技术。此外，比利时国王利奥波德也曾慕名邀请西门子，请他到布鲁塞尔王宫中去，为王室成员讲解电报知识。

1848 年，普鲁士与丹麦之间发生战争。西门子作为一名军官，在这场战争中发挥了他的科技才能。他采用电流点火方式，在基尔港进行水雷封锁。由于作战有功，西门子受到弗兰格尔将军的接见，并被提升为炮兵连连长，担负起基尔港等地的保卫任务。战争结束后，他被调回柏林，专门负责架设电报线的工作。

由于西门子的精心设计和施工，柏林至法兰克福的电报线，于 1848 年至 1849 年敷设完成。这是当时欧洲第一条远距离线路。接着，他又组织架设了柏林至科伦的电报线；这条线路一直延伸到比利时的维尔维堡。从汉堡到布勒斯累的电报线，也是他负责架设的。在架设这些线路的过程中，西门子第一次敷设经过莱茵河的水下电线，取得了成功。

这时，科学技术的发展日新月异。西门子看到了科技发展的动向和趋势，希望在科学技术的进步潮流中大显身手。为了专心从事科学技术研究和经营自己的公司，他在 1849 年 6 月退出了军队。同时，还辞去在国家电报局担任的技术主任职务。

摆脱繁琐事务后，西门子全力投入电报技术的研究和发明工作之中，并取得了一系列重大成果。他改进了电报机和导线，发明了将低电压改变为高电压的电流盘形装置，研制了双 T 形电枢，等等。与此同时，他不断总结自己在发明创造过程中的实践经验，写出了许多既有学术价值又有应用价值的论文。例如，1850 年 4 月，西门子写成《关于电报的纪录》一文。这篇论文提交巴黎科学研究院后，得到该院专家的好评，被收入《外国论文集》一书。西门子还把他对地下导线的研究心得，写成《论电气导线和器械》一文，在《波根道夫年鉴》上发表。

当然，西门子的工作和事业也并不都是一帆风顺的。他根据自己在技术应用中的做法和体会，写出《略论敷设普鲁士地下电线的经验》一文。这篇文章指出施工中存在着的一些实际问题，并针对这些问题提出了解决办法和改进措施。这本来是一件好事。可是，实际上却事与愿违。政府的电报部门认为，既然敷设地下电线存在种种问题，那就不要敷设了，因此取消了原来在"西门子—哈尔斯克公司"的定货。这样一来，西门子出于科学态度写成的论文，反而给自己的公司带来了困难，使公司的经营效益大受影响。

不过，西门子—哈尔斯克公司在国外的经营业务却一直开展得比较顺利。在伦敦、巴黎和彼得堡，都先后建立了它的分公司。早在 1850 年年底，西门子就曾接受英国政府的邀请，到英国敷设电缆，并获得了极大的成功。1852 年，西门子又被请到俄国，帮助架设电报线。在俄国，西门子主持敷设了彼得堡和莫斯科、莫斯科和基辅、基辅和敖德萨之间的几条主要线路，还完成了彼得堡和华沙、彼得堡和赫尔辛基之间的线路。特别是在克里米亚战争期间，他以最快的速度完成了通往塞瓦斯托波尔的电报线路。据说，塞瓦斯托波尔要塞陷落的消息，就是通过这条线路及时地报告给沙皇的。

1855 年，西门子从俄国回到了柏林。这时，从苏伊士到亚丁的海底电缆出现故障。负责敷设这条线路的英国公司请西门子去帮助检修。西门子把自己研制的测试仪器接在线路上，进行检查测试。第二天，他就得出结论说："电缆在离亚丁 5.556 公里的地方出毛病了。"当时，在场的一些工程师都不相信，以为西门子是在开玩笑。结果事实证明，的确是这个地方的电缆损坏了。西门子把这个地方修好后，电报立即接通了。

西门子一心扑在事业上，很少考虑个人生活方面的问题。也许正是由于这个原因，他直到 36 岁时才结婚。1852 年 10 月 1 日，西门子与马提尔德·德卢曼小姐在哥尼斯堡举行了婚礼。接着，他们到巴黎等地去旅行，然后回到柏林。这时，西门子—哈尔斯克公司在柏林建造了一座大工厂。他们就在工厂的前区安下了家。

西门子—哈尔斯克公司的工厂仍然以生产电报机为主，同时在这种技术基础上，开始向其他方面发展。这是因为，西门子从俄国回来后，就曾经表示过，他"对建立电报线路已经不感兴趣了"。因此，从 19 世纪 50 年代末期起，虽然西门子对电报通讯技术的研究和敷设电报线路的工作并没有完全停顿下来，但是他已朝着一个新的方向开拓进取了。

自从 1831 年英国物理学家法拉第发现电磁感应原理后，很多人都在进行发电机的研制工作。但是，这项工作进展很慢。主要原因在什么地方呢？就是人们只考虑到用永久磁铁来发电，而没有考虑到用电磁铁也可以发电。尽管是有人想到过这个问题，但又认为，由于永久磁铁本身有磁性，所以才使线圈产生了电流。电磁铁的磁性，需要通上电流才能产生；只转动发电机的线圈，电磁铁是不会产生磁性的，因而线圈中也就不能产生电流。这种认识，被西门子突破了。

西门子通过研究和实验发现，在发电机上不用永久磁铁，而用电磁铁，同样也可以发出电来。这是因为，电磁铁的铁芯，在不通电流时，仍然残留着微弱的磁性。当转动线圈的时候，可以利用这一微弱的剩磁，产生电流。电流再反馈给电磁铁，促使其磁力增强。于是，电磁铁就能产生强磁性，从而也就可以发出较强的电流来了。

1866 年，西门子向物理学家马格纳斯等人报告了发电机的原理，并进行了成功的试验，得到柏林科学研究院的肯定。同年，西门子根据自己的这一研究结果，在西门子—哈尔斯克公司的工厂里，制造出使用电磁铁的发电机。西门子发明的这种发电机，称为自激式直流发电机。1867 年，在巴黎举行的世界博览会上，展出了西门子的第一部发电机。为此，他获得了法国荣誉勋章。

西门子发电机提高了电流强度。它的研制成功，促进了电动机的研究和改进。从 19 世纪 70 年代开始，电力在德国得到了实际应用，使人们的生产和生活发生了巨大的变化。因此，自激式直流发电机的发明，是西门子在电气技术发展方面所作出的一个重大的贡献。

1867 年，哈尔斯克退出了西门子—哈尔斯克公司。从此，这家公司就成为西门子公司了。西门子把总公司设在柏林，并在英国、法国、俄国等国设立了分公司。英国的分公司设在伦敦，称为"西门子兄弟公司"，它所属的工厂专门生产各种电气器材。后来，西门子公司发展成为德国主要的电气设备制造企业，在电气工业方面处于举足轻重的地位。

由于自激式直流发电机还存在着不少缺点，因此，西门子继续对它进行研究和改进。1870 年，西门子公司的研究人员阿特涅工程师在西门子发电机的基础上，制出了性能更好的发电机。为了克服直流发电机的缺点，1873 年，阿特涅又研制出交流发电机。与此同时，西门子也在不断改进发电机，创造新的型号。西门子公司不仅大量生产发电机，而且展开了电动机的研制工作。1879年，西门子公司制造的用电动机开动的电车，在柏林工业展览会上进行了公开表演。这辆电车能坐20名乘客，以每小时12公里的速度，在600米长的圆形铁轨上奔跑，使参观的人们既惊奇又兴奋，赞叹不已。于是，有轨电车在柏林开始行驶了。

25. 奥古斯特·霍夫曼的故事

早在1757年，英国学者坎培尔就在他的一部著作中说过这样的话："德国人是欧洲最好的化学家，而关于这个学科的最好的论文都是用拉丁文或标准德文写成的。"1840年，英国有位名叫约翰·鲍林的博士也称赞道：德国"各个部门的化学知识都比我们更加进步"。这些评论表明，化学在德国有着悠久的历史。德国不仅对近代化学的发展作出了重大贡献，而且在把化学知识用于生产方面取得了举世公认的巨大成绩。采用化学方法合成染料，是德国人的一项突出成就。本文要介绍的，就是德国的一位人造染料发明家奥古斯特·威·冯·霍夫曼。

1818年4月8日，霍夫曼出生在德国黑森州的吉森市。他的父亲维尔赫夫·冯·霍夫曼是一名建筑师，从事城市房屋建筑工程的设计工作，具有很高的科学文化素养。他原先居住在达姆施塔特市，后来由于工作关系，又把家迁到了吉森市。霍夫曼小时候不仅从父亲那里学到了很多知识，而且多次随同父亲到意大利、法国、瑞士等欧洲国家游历，增长了不少见识。由于家庭环境的熏陶，青少年时代的霍夫曼就表现得与众不同。他接触过许多国家的建筑和绘画艺术，了解各种哲学流派的学说。他不仅喜爱阅读当时一些著名诗人和作家的文学作品，而且还能够对这些作品发表自己的评论意见。

18岁时，霍夫曼进入当地著名的吉森大学。起初，他读的是法律系。这所学校对学生听课没有什么限制。学生根据自己的志趣任意选修课程，哪怕是与自己主修的专业毫无关系的课程，也可以去听。霍夫曼除了听法律方面的课程以外，还选修了数学、自然哲学等课程。这时，他对化学并不感兴趣。

当时，在吉森大学从事教学和研究的李比希教授，是德国乃至欧洲著名的化学家。李比希在吉森大学建立了化学实验室，亲自教学生做实验，通过实验来掌握化学知识。他不仅对近代化学学科的发展作出了巨大贡献，而且培养出许多优秀的化学家。因此，有志于化学的青年，都纷纷到吉森大学的化学实验室来学习，并以能够成为李比希的学生而自豪。

说来也真巧，历史老人似乎有意安排霍夫曼走上化学研究的道路。李比希的新实验室刚好由霍夫曼的父亲负责建造；由于这层关系，霍夫曼认识了李比希。起初，只是出于礼貌上的考虑，霍夫曼开始去听李比希讲授的课程。但经过一段时间之后，李比希渊博的知识、生动的讲授和奇妙的实验，真正把年轻的霍夫曼吸引住了。霍夫曼渐渐对化学产生了兴趣。他觉得化学这门学科的内容太丰富了，真可以说是取之不尽，变化无穷。于是，他决定改学化学，从法律系转到了化学系。

李比希对霍夫曼给予了特别的关心和照顾。几个月后，霍夫曼就掌握了有机分析的各种基本方法。李比希看到霍夫曼很有培养前途，不仅给霍夫曼增加实验作业，而且让他参与化学刊物《年鉴》的编辑工作。通过编辑业务，霍夫曼阅读了不少化学论文，了解了这门学科的研究状况和动态，并且掌握了从事化学研究的工作方法和技能。

1838 年，20 岁的霍夫曼得到了李比希交给他的一个研究项目，研究煤焦油中含有的碱性物质。这项工作一直没有人做过。霍夫曼进大学才满两年，就开始独立地进行科学研究，他简直兴奋极了。接到任务后，当天晚上他就做好了准备工作，第二天就开始进行提取碱性物质的实验。经过 8 天的紧张工作，他从 600 公斤煤焦油中，提取出 1 公斤左右的碱性混合物。接着，又对混合物进行分离和提纯，通过蒸馏，最后制得一种浅黄色的油状液体。霍夫曼对这种液体进行分析研究后，认为它和俄国化学家福利茨舍对靛蓝进行干馏时得到的物质完全相同，就是"苯胺"。

霍夫曼除了从煤焦油中提取出苯胺之外，还打算从中分离并研究其他的碱性物质。这是一个非常有意义的研究课题。根据李比希的建议，霍夫曼把这个项目作为学位论文的课题，进行深入研究。1814 年，他写成《煤焦油中有机碱的化学研究》，并顺利地通过论文答辩，被授予化学博士学位。这篇论文，于 1843 年在李比希主编的《年鉴》上正式发表。

霍夫曼在英国皇家化学学院工作期间，有一位学生兼助手，名叫威廉·亨利·柏琴。由于霍夫曼的辛勤培育，柏琴后来成为英国著名的化学家。柏琴在霍夫曼的实验室里，曾经研究过苯胺的氧化过程。每当他在研究中遇到困难问题时，就去找霍夫曼，请求老师指点。1856 年，当柏琴 18 岁的时候，发明了一种人造染料苯胺紫。这项成果，就是在霍夫曼的指导下取得的。

当时，人工合成的苯胺紫染料，价钱还比较贵。霍夫曼认为，如果将人工合成染料的方法加以改进，就可以降低它的价格，使人造染料在工业中得到广泛的应用。于是，从这个时候起，霍夫曼开始加强了对人工合成染料的研究和制造工作。

由于制造染料的原材料苯和甲苯是从煤焦油中提取出来的，因此，霍夫曼的一名学生和助手查理·曼斯菲尔德开设了一家蒸馏工厂，提供苯和甲苯。可是，苯和甲苯是易燃物质。曼斯菲尔德的安全措施不严，在一次起火事故中，不仅工厂被烧毁，他本人也丧了命。霍夫曼得知这个消息后，非常震惊，心情沉闷。

这时，霍夫曼的孩子也无人照顾，家庭生活显得乱糟糟的。为了使自己的孩子得到照顾，从而有利于研究工作，霍夫曼在 1856 年与罗莎梦达·威尔逊小姐结婚了。

经过两年的努力，1858 年，霍夫曼成功地合成了一种新的染料。他把这种染料叫做"苯胺红"。这种染料是将苯胺和甲苯胺的混合物进行氧化时制造出来的，颜色很鲜艳。随后，法国人也合成了这种染料，名叫"品红"（也称"洋红"）。霍夫曼对这两种染料进行研究，证明它们是同一种东西。

苯胺红的人工合成，虽然弄清了制造苯胺染料的一些过程，但是其中还有许多问题没有解决。除了苯胺红以外，是否还能够合成其他颜色的染料呢？霍夫曼继续进行探索。于是，在用苯胺和四氯化碳进行实验时，另一种新染料又制造出来了。这就是"品红碱"。品红碱也称碱性品红或者玫瑰苯胺。它本身不仅是一种染料，而且还是染料的中间体。通过它，可以合成其他染料。因此，在整个苯胺族染料中，品红碱的地位和作用实在是太重要了。

在实验室里，霍夫曼和他的助手们利用品红碱，积极进行新染料的合成实验，不断取得令人振奋的重大成就。他的助手热拉尔和列尔将品红碱与苯胺的混合物加热后，制成了"苯胺蓝"；霍夫曼将品红碱与碘乙烷混合加热，制出了"三乙基品红碱"；将品红碱与碘甲烷混合加热，得到了"三甲基品红碱"。这两种都是紫色染料。由于紫色的织物过去比较少见，因此霍夫曼的紫色染料发明后，引起了一阵轰动。在几年时间里，紫色成了最时髦最流行的颜色。工厂只生产这一种染料，称它为"霍夫曼紫"。除此之外，霍夫曼实验室还合成过一种绿色染料，名叫"甲基绿"，颜色也特别漂亮。

一系列染料的发明，使霍夫曼的声誉和财富与日俱增。但是，大笔的收入并没有给他带来幸福的生活。老天爷似乎存心与霍夫曼作对。1860年，霍夫曼的第二个妻子又离他而去。既要工作，又要照顾5个孩子，其劳累程度可想而知。

1861年，霍夫曼组织了伦敦化学学会。作为这个学会的第一任会长，他对英国化学事业的发展作出了重要的贡献。为了推动学科建设、培养化学人才，伦敦化学学会经常邀请专家学者来此讲学。霍夫曼的学生柏琴在成名之后，也曾应邀到这里，作过学术报告。

霍夫曼和他的助手们发明的各种染料，在英国都先后投入生产，受到人们的普遍欢迎。1862年，在伦敦举行的国际博览会上，这些色彩斑斓的人造染料，使各国的参观者大开眼界。于是，许多国家纷纷建立工厂，生产苯胺染料。随着人造染料的推广应用，人们生活中的色调就变得越来越丰富、鲜艳和靓丽了。

26. 塞麦尔维斯的故事

我们知道，微生物学的建立是同进化论一样伟大的成果。它不仅使人们知道大量的微生物存在，而且揭示了微生物导致的传染疾病之病因。

在巴斯德学说建立前的二三十年，有一位医生认识到了无法解释但很有效的消毒方法，他名叫塞麦尔维斯。

19世纪下半叶以前，人们的伤口是很难对付的。在英国，有很多外科手术的病人死于术后，原因是伤口发炎溃烂。在欧洲，流传更广的一种病是"产褥热"。

产褥热是一种产妇的产后并发症。很多妇女生完孩子后，高烧

147

不退，最终死亡。

那时，医生们不知道什么是消毒，谁也不知道什么是病菌，这个问题很简单但却千年来无人解决。医生们接生从来不洗手消毒。

1847年，奥地利医生塞麦尔维斯又经历了一场痛苦，工作多年的他又一次目睹产妇得了"产褥热"，这健康粗壮的人不久就死了，留下了刚出生十多天的婴儿和愁苦的丈夫。

他的心再一次被揪紧，感到十分的痛惜。这是怎么回事呢？死亡率是12%，这是多么不幸的数字啊！

他一直在思考这个问题，可是什么也没发现。

一次偶然的事件震动了他。

医院里死了一名医生，他也是持续几天高烧不退，和得产褥热的妇女症状相同。塞麦尔维斯注意到，这位医生是在解剖患产褥热死去的病人尸体之后而得病的。在解剖时，他不慎割破了自己的手指。

难道说是尸体上的什么"东西"进入到医生的身体里了？突然，他眼前一亮：难道说医生手上有什么"东西"传染给产妇了？

于是，塞麦尔维斯决定试验。当时，他已经发现了"杀菌"药物漂白粉，但是细菌传染的观念却没有建立。

他用漂白粉洗手，为一个产妇接生，这个产妇不幸也得了产褥热。可是她只是轻微发了点烧，就恢复了健康。

这下可有办法了！塞麦尔维斯加大了漂白粉的用量，并且把所有能接触到的器具包括地面、墙壁，全喷上了漂白粉溶液。奇迹发生了，他的接生病例中，只有百分之一死于产褥热。

但是人们的观念相当顽固，很多人不正视医生传染这一现象。结果当塞麦尔维斯据理力争并企图推广使用时，被医院驱逐出来，他失业了。

1850年，塞麦尔维斯来到了他的家乡匈牙利布达佩斯，这里的一家医院十分接受他的消毒方法，结果塞麦尔维斯的名声大振。

1855 年，塞麦尔维斯出版了《产褥热的病原、实质和预防》一书。保守的旧势力权威专家们纷纷反对，只有美国医生霍耳姆斯支持他，并写文章公开发表。

早在 18 世纪末期，施旺就发现了细菌，他还建议加热，这样可以杀菌，避免有机物的腐败。但是他受到攻击后就不敢坚持发表了。

到了巴斯德，建立了微生物理论，才攻破庸医的阵地。

塞麦尔维斯没能等到这一天，1865 年他与世长辞，年仅 47 岁。而巴斯德的学说刚刚发展。

27. 亨利·莫兹利的故事

19 世纪 40 年代，英国完成了以机器生产代替手工劳动的工业革命。工业革命的完成，离不开机器制造业。这是因为，机器生产的发展，不仅使得机器体系内部结构日益复杂，而且要求机器的数量越来越多；因此，手工制造不能满足机器生产发展的需求，必须发明生产机器的新技术，用机器生产机器。在用机器生产机器的机器制造业兴起之初，有一位发明家作出了重大的贡献，他就是被称为"车床之父"的亨利·莫兹利。

1771 年 8 月 22 日，莫兹利生于英国的沃尔里奇。从他少年时的情况来看，显然是出生在一个贫穷的家庭里。因为家里穷，莫兹利没有进过学校接受正规教育。12 岁时，他就进入当地一家兵工厂当童工。这家工厂虽然主要制造枪炮弹药，但是也使莫兹利接触到了一些机械，学到了一些技术。在兵工厂劳动的两年时间里，莫兹利对机械产生了浓厚的兴趣。

14 岁时，莫兹利离开沃尔里奇兵工厂，到一位木匠那里去当学徒。虽然这位木匠手艺不错，但是莫兹利对做木工活的兴趣不大。第二年，他在得到父母的同意后，又转到离家不远的一个铁匠铺里去，当了一名学徒工。铁匠铺里生产各种日常用品和工具，需要使用一些机械。这正是莫兹利喜爱的工作。于是，他利用这个难得的学习机会和有利条件，在生产实践中勤奋学习，很快就掌握了作为机械工所必须具备的基本技术，成为一名优秀的机械工。据说，他特别善于使用各种锉刀，没有人能够超过他。可是，按照当时英国的习惯，学徒工必须学满 7 年后，才能成为工匠。莫兹利对此极为不满。他感到，在铁匠铺里长期呆下去，已经学不到更多的高超技术了。因此，怀着对科学知识和先进技术的渴望，莫兹利常常在考虑如何改变自己的现状。不久，机会来了。

这时，随着机器工业的发展，英国出现了很多机械技师。其中，伦敦有一位机械技师约瑟夫·布拉马，特别著名。布拉马技术高超，在当时英国机械制造业内具有极高的威望。他发明和制造的安全锁，以其优良的性能而驰名各地。由于这种锁精度非常高，加工时间很长，因此生产数量很少，往往供不应求。布拉马工厂为了增加锁的产量，急需雇用具有熟练技术的机械工。

莫兹利得知这个信息后，非常兴奋。尽管他作为铁匠铺的学徒尚未期满，但也希望早一天进入著名的布拉马工厂，迅速提高自己的技术。然而，布拉马工厂是当时许多渴望学习机械技术的人向往的地方，要想进入这家工厂，也并不是一件十分容易的事情。当莫兹利向布拉马提出自己的申请时，布拉马想了解一下莫兹利的技术情况，便决定对他进行一次严格的考核。布拉马指定了几种机械活，让莫兹利去干。由于莫兹利在机械技术方面已经具有一定的基础，因此他出色地完成了任务，各种技术考核项目都达到了要求。于是，布拉马决定录用莫兹利。这时，莫兹利年仅 18 岁。进入布拉马工厂，成为这位著名机械技师的弟子，对于莫兹利来说，这是他生活中的一个重大的转折点。他在机械方面的创造发明，就是从这里开始的。

1789 年，莫兹利来到伦敦，进入布拉马工厂。他在这个工厂里工作了 8 年。在工厂里，他不仅认真学习技术，而且积极工作，深得布拉马的喜爱和器重。由于他的各种技术都达到了较高的水平，在工人们中间威信也很高，因此，他不久就被任命为总工长，在生产中负起了一定的领导责任。

莫兹利在领导生产的过程中，对改进和提高机械技术十分重视。布拉马工厂的主要产品是安全锁。可是，原来那种手工制锁方式，产量不高。为了提高产量，莫兹利考虑到，必须把手工制造改变为机器生产。而要进行机器生产，就需要改进过去使用的机床。为此，他进行了认真的思考和设计，夜以继日地埋头于新式机床的研究和制造工作之中。

所谓"机床"，一般是泛指工作母机。就其狭义而言，实际上指的是金属切削机床。在金属切削机床中，最常用的一种是车床，也叫旋床。它主要用来进行工件的内圆、外圆、螺纹等成型面的加工。车床是机器制造中加工零件所不可缺少的一种工作母机。莫兹利取得的第一项重大成就，就是对原有的车床进行改造，从而发明了新式车床。

经过多次研究和试验，莫兹利在 1794 年制造出一种新式车床。这部车床的发明，完全是为了适应制锁的需要。因为要把锁芯精确地旋成圆柱形，没有精密度很高的车床是根本做不到的。这种新式车床的所有部件都是用铁做的，非常结实。不仅如此，莫兹利还把原来的脚踏板和弹簧摆改换为一个轮子，轮子通过传动轴与蒸汽机联系起来，从而得到带动机器运转的动力。

这部新式车床最重要的装置，是安上了进给箱。进给箱也叫做

151

进给台，是车床上的重要部件，也是莫兹利的重要发明。今天，车床上带有进给箱，这是非常自然的事情。可是，在莫兹利发明进给箱以前，原来的车床上是没有进给箱这种装置的。由于没有进给箱，工人在车床上加工制作机械零件的时候，他使用的刀具是拿在手上的。当时，一名车工为了操纵刀具，需要付出艰苦的体力劳动，而且加工出的零件精密度也不高。有了进给箱后，刀具不再拿在工人手中，而是固定在刀架上。刀具随着刀架送向工件，它还可以跟着旋转轴平行移动，车工只需操作手柄。这样一来，工人的劳动量减低了，工件的精密度却提高了。由此可见，进给箱真是一个了不起的发明创造。

带有进给箱的新式车床发明出来后，每个车工都能加工制造具有平滑表面的工件，从而给机器制造业提供了迫切需要的精密零件。但是，莫兹利并没有就此止步。他还在继续进行研究，对这台车床不够完善的地方加以改造。1797年，他又制成了一台新车床。这台车床的重要改进是，使刀架向工件的进给实行了机械化。在车床的床身中，装有一根旋转的丝杠（刻有螺纹的长棒），与驱动轮相连接。这样，丝杠就可以使刀架均匀地沿着工作的轴向移动。经过这一改进，车床的效率更高了。

正因为有了新式车床，莫兹利能够按照布拉马签订的合同，制造出大量的安全锁，供应市场需要。这时，莫兹利已在布拉马工厂工作8年了。他发明的新式车床，为布拉马带来了巨额利润。为了养家糊口，莫兹利向布拉马提出了增加工资的要求。按说，莫兹利为布拉马工厂作出了重大贡献，他提出这样的要求是完全合情合理的。可是，这个要求竟然遭到了布拉马的拒绝。莫兹利一气之下，向布拉马提出辞职，离开了这家工厂。

1797年，26岁的莫兹利脱离布拉马工厂后，自己单独地创办了一个工厂，不仅制造机械，而且从事发明创造。这个工厂虽然规模不大，但是，凭着莫兹利发明的新式车床和他当时在机械制造方面的声誉，仍然得到了很快的发展。当工厂接受第一批订货时，他非常认真地进行设计和制造，务必使产品符合要求。莫兹利工厂生产的优质机械，赢得了用户的赞许。于是，前来订货的用户络绎不绝。

在众多的用户中，最大的一个用户是英国海军部。由于莫兹利工厂生产的机械性能优良，信誉很高，海军部的官员慕名而来，向它订购一批滑轮。对于这批订货，莫兹利不仅深感责任重大，而且认为其意义也非同小可，因此必须全力以赴，争取顺利完成。为了制作这批滑轮，首先必须制造出专门的机器。1801 年，他经过反复研究，画出了机器设计图纸，立即投入生产。第二年，便完成了制造滑轮的全部机械设备。据说，为了生产这批滑轮，莫兹利设计制造的机床就有 44 台之多。莫兹利工厂生产的滑轮，按期向海军部交货了。这些滑轮作为港口设施，在英格兰南部海军基地朴茨茅斯长期使用，证明质量优良。

莫兹利的名声越来越高了。在当时英国众多的机械技师中，他被公认为成就卓著的权威人士，对英国机械工业的发展起着指导作用。由于莫兹利设计的刀具和刀架能够自动移动，因此便不仅仅是在车床上使用，其他各种机床都可以使用。这样，便推动了一些新的机床的发明和改良。在莫兹利和他发明的新式车床的影响下，冲床、刨床、钻床、铣床等机床也由其他一些发明家先后研制出来了。

1801 年，莫兹利把工厂迁移到了兰帕森。由于工业革命发展迅速，对机器的需求量越来越大。为了适应这种形势，莫兹利决定扩大工厂的规模，以便制造更多的机械产品。可是，他本人的财力有限。正好这时有一个名叫菲尔德的人愿意投资相助。于是，莫兹利便同菲尔德合作，成立了"莫兹利—菲尔德商会"。所谓"商会"，实际上相当于后来的公司。这个商会的成立，使莫兹利的高超技术与菲尔德的雄厚资本得到了完美的结合。于是，它很快就发展成为一家规模较大的机械制造厂，生产各种机床。

莫兹利为了保证和提高产品质量，不断进行技术改造。例如，他设计制造了锅炉钢板的打刻机，改变了过去的手工打刻加工方式，使之实现了操作的机械化。他还经过刻苦钻研，先后制造出各种设备和仪器。用这些仪器进行测量，可以使机械零件的精密度符合要求。莫兹利通过多年的生产实践，深深认识到，在机械加工中，精确的平面非常重要。因此，他制造出来的标准平面，平滑程度如此之高，以致把两个平面叠在一起时，就紧紧贴牢，只有靠滑动才能够把它们分开。据一本辞书上介绍，莫兹利制造的一种测量仪器，精确度可以达到 0.0001 英寸（1 英寸 =2.54 厘米）。

除了重视产品质量之外，莫兹利也很注意产品的外形。他设计制作的机床，尽量简化结构，并且尽量不用有锐角的部件，以保证产品的安全性。同时，产品的造型也很美观精致。凡是莫兹利工厂制造的机床，都要打上莫兹利的刻印，以示负责。

自从发明新式车床后，莫兹利一直没有停止研究和改进。他是一位永不满足现状的发明家，在技术上真可以说得上是精益求精。

1800 年左右，莫兹利制造出一种小型车床，可以切削螺纹。这是为了改进原来的车床而制造的。因为在原来的车床上，进给箱随着丝杠（刻有螺纹的长棒）的圆周运动而左右移动。因此，丝杠越精确，切削的精密度就越高。而为了制造出精确的丝杠，就需要有制造精确丝杠的车床。为此，莫兹利花了不少时间和精力，反复进行研究和试验。他造出切削螺纹的小型车床后，先切削好几根丝杠，再用锉刀仔细地进行加工。然后从这些丝杠中，挑选出一根最精确的来，作为制造新的车床之用。

在莫兹利发明切削螺纹的车床之前，切削螺纹都是依靠手工，使用简单的夹具，其精确度也只能靠目测。自从螺纹加工车床发明之后，这种状况很快就改变了。螺纹加工车床可以多级改变丝杠的转速，因此，它就可以加工出不同螺距的螺纹。同过去相比，这又是车床上的一个重大的技术进步。

莫兹利研制出切削螺纹的车床后，仍然没有满足。这时，他听说他的一位朋友巴顿为了制造微型仪表，也在研制螺栓。于是，决定去同巴顿比较一下，看看谁的螺栓更精确。然而，比较的结果，莫兹利发现自己制造的螺栓虽然尺寸准确，但是还有不少缺点，例如角度不规则，有微小的弯曲等。莫兹利虚心地承认这个事实，但是他不甘落后，决定迎头赶上。经过若干改进，他终于制成了更为精密的丝杠。将这根丝杠用于车床上，就能够不断地制造出精密度很高的丝杠来了。

1810 年左右，莫兹利又造出了具有多种功能的车床。然而，他仍然没有停止对车床的研究和改进。例如，他最初制造的进给箱，每改变一次刀具的移动速度，就要更换一次不同型号的丝杠，因此操作起来很不方便。为了改变这种状况，他经过反复研究试验，终于发明了一种叫做"齿轮变速器"的装置。只要在车床上安上齿轮变速器，通过改变几个齿轮间的啮合，就可以自动地改变刀具的传送速度，而不需要再去一根根地更换丝杠了。莫兹利通过齿轮改变传送速度的技术，不仅使车床得到了改进，而且也应用于所有的机床和其他机械之中。

莫兹利对于车床，可以说是活到老，研制到老。一直到他去世之前，他都在进行车床的改进。为了研制和不断更新车床，他不惜投入大量的资金。据说，莫兹利工厂制造蒸汽机汽缸等机器零部件所获得的钱，几乎都被他在车床研制过程中花光了。

莫兹利的发明创造，特别是他把滑动原理引进了机器，应用于刀架，这就不仅促使了新式车床的诞生，而且也推动了其他机床的改造。对于他的这种贡献，后来伦敦出版的《各国的工业》一书中给予了高度的评价。该书的作者认为：莫兹利发明的刀架，"可以毫不夸大地说，它对机器的改良和更广泛应用所产生的影响，不下于瓦特对蒸汽机的改良所产生的影响"。19 世纪上半期，许多国家的机械制造设备，不是来自英国，就是按照英国的式样制造的。

除了发明和改进车床外，莫兹利还有许多其他发明。例如：花布印染法、供船舶锅炉用的海水脱盐法以及船用发动机等。所有这些，都在工业生产中发挥了重要的作用。

28. 维萨里的故事

在帕多瓦大学当教授的时候，维萨里全力以赴地进行他的解剖学研究，他在解剖的过程中发现了盖伦的许多错误，且在整理盖伦原著的时候，找到了盖伦错误的来源。盖伦为什么会认为人的大腿骨是弯的呢？原来盖伦把解剖狗的结论用到了人身上。其它错误有的来自对猩猩的解剖，有的来自对猴子的解剖。因此，维萨里认为必须重新观察人体，不能依赖盖伦的简单的结论。

在帕多瓦，维萨里仍然经常进行解剖学表演，并一边解剖，一边指出盖伦的结论的错误。有一次进行解剖表演时，仅骨骼一项就指出盖伦的 200 多处错误。中世纪以来，外科医生和医学专家们只是讲盖伦的理论，根本不亲自动手术，因此也从不亲自作解剖，手术一般由理发师做，这在今天肯定会把所有需要做手术的病人全吓跑了。至于解剖尸体就更不去干了，而维萨里在解剖时从来不需要什么助手帮助，他总是亲自动手。由于他的实际经验丰富，解剖课上得生动，并且确实能学到许多东西，因此他很快就在学术界享有了极高的声誉。校外及其它各界人士来听课的人也非常多，常常有几百名听众到课堂上听他讲课，看他作解剖演示，为了改进解剖技术，维萨里还引进许多新的解剖工具，有些是他亲自设计的，有些是向工匠们学来的。

维萨里在大学里进行的重要改革就是改革了解剖学的上课方法。在维萨里以前教师从不动刀解剖，对这一点维萨里进行了辛辣的讽刺与嘲笑：无知的助手在解剖尸体，而有学问的教授则像个寒鸦，高高地栖息在椅子上，极端傲慢地呱呱讲着他自己从来也没有亲自了解的东西。维萨里认为，解剖学的课程就这样误人子弟地进行着，以致一个医学院的学生从一个屠夫那儿也比从那些傻瓜教授那儿学到的东西多。

尽管维萨里的解剖学课程深受学生和其它热爱科学的人们的欢迎，但是却遭到了教会、神学家以及那些保守的教授们的一致反对。原因在于他的解剖学结论不符合基督教的教义。根据《圣经》上的说法，男子的肋骨应该比女子少一根，因为夏娃是用亚当的一根肋骨造成的。另外，教会认为在人的心脏中有一根所谓的"不可毁灭的复活骨"，而维萨里却明确指出，这只是一个神学问题，与科学无关。从解剖观察中看出：人的心脏中根本没有这根"复活骨"。

在帕多瓦大学任教期间，维萨里用了四年的时间完成了他的著名的解剖学巨著《人体的构造》。

1507～1542年，维萨里在帕多瓦大学用了四年时间，完成了《人体的构造》这部七卷本的解剖学巨著。1543年6月这本书正式出版，负责出版这本书的是巴赛尔的奥瑞阿斯——一个曾因为出版拉丁版的《古兰经》被关进牢狱的勇士。当时出版《人体的构造》也同样担负着很大的风险。

《人体的构造》出版问世，标志着近代医学的开端。这部解剖学巨著是以一篇保卫科学健康发展的前言作为开头的。在这个前言中，维萨里提醒人们：要注意来自阻碍科学和艺术发展的障碍的危险。他虽然没有明确指出危险的来源，但却通过对帕多瓦大学、威尼斯参议院和查理皇帝的赞扬，表明了他对这些支持学术活动者的感激

157

之情。

《人体的构造》一书中有278幅精美的木刻插图，插图所画的人体都有着十分生动的姿态：有的拿着劳动工具，有的摆成各种动作。画面上还衬有明快的大自然的背景，完全改变了以往的解剖图的枯燥的形式。这些插图不仅反映了文艺复兴时期生动、活泼的对生活乐观主义情趣，也反映了维萨里不仅仅是一位解剖学家，同时也是一位艺术大师，是那个时代的多才多艺的伟人。

维萨里的工作，科学地揭示了人体的结构。在这之前，人们对人体的知识还是一片模糊，正是维萨里在他的《人体的构造》中正确地描述了人体的结构，探索了这些结构的准确部位，以及这些结构在人体活动中的功能，才有了现代的医学。因此，后人称赞维萨里的伟大贡献时形象地告诉我们，解剖学资料对于医生就像地图对于旅行家一样。维萨里建立了真实的人体解剖学，把人体的第一幅地图交给了医生们，根据这幅人体的地图，人们才建立起今天的医学科学。

维萨里在生理学方面的贡献要小一些。他并没有完全突破盖伦的理论，取得什么重大进步。但是由于他正确地揭示了人体的构造，因此为生理学的研究准备了充分的条件，开创了生理学的研究方向。以后，哈维就是在维萨里研究的基础上取得了重大突破的。

维萨里的《人体的构造》及书中的插图在解剖学上是占有极其重要的地位的。第一次出版后，从1543年—1782年至少重印、再版了25次以上。甚至维萨里还在世的时候就被一再的抄袭和重印。他去世以后，又被译成了俄、英、德、法等多种文字，在整个欧洲引起了很大的反响，以致俄国著名医学家、生理学家巴甫洛夫称维萨里的《人体的构造》是人类近代史上第一部人体解剖学。他并不仅仅重复古代权威的指示和意见，而是依靠自己的深入研究所完成的。

29. 路·盖里格的故事

在德国，与意大利和法国几乎同期，也有人研究真空问题。著名的马德堡半球实验就是一个举世闻名的成功实验。

路·盖里格是马德堡市市长，他同时也是一位物理学家。

1643 年，意大利物理学家托里拆利通过实验证明了大气压的存在并获得了真空，但是亚里士多德的学说统治已久，人们还是半信半疑。在德国，真空问题仍在争论。

盖里格于 1602 年出生，他出身于名门望族，游历于荷兰、法国、英国，成为一名兼通法律和数学的工程师。

他认为实验是自然科学中最有用处的，于是他开始做实验，以获取更大的真空。

一开始，他使用葡萄酒桶，装满了水。他想把水抽干，不就是真空了吗？但是桶密封性不好，结果没能成功。后来，盖里格发明了抽气机，他不断改进抽气机，结果终于可以获得比较接近真空的空间。

他用薄铜片做成铜球，开始抽走里面的空气，抽着抽着，一声巨响，球被压瘪了。于是他用了厚一些的铜做了球，结果球没有被压坏，但他想把空气再送进球里，结果场面也非常惊险，巨响不绝于耳。

盖里格制成了很多真空的球，他发现在这种条件下，小动物不能存活，火焰不能燃烧，而水果蔬菜却可以保鲜。

1654 年的一天，天空晴朗。人们集中在马德堡市的中心广场。消息早已传出，市长要展示马与大气压的比赛。

学者、百姓、贵族、还有德皇腓迪南二世。盖里格和助手们把两个精心制作的直径为 50 厘米的铜球壳抬上来，垫上橡皮圈，涂上油脂和在一起，两个半球吻合地扣好了，油脂是为了使球不透气。

盖里格再解释，说球中是空气，如果直接来人，一拉就开，因为球内球外的大气压力平衡，而一旦把球抽成真空，外界的大气压会作用在球的表面，把球压住。这时谁要是再想把球分开，就相当于和大气压比赛。

盖里格用自制的抽气机把半球内的空气抽了出去，球内形成真空了，气嘴拧紧后，两个半球严丝合缝。

准备工作完毕，盖里格令马夫牵来 8 匹大马，观众们备感惊奇，很多人表示不相信。一会儿，球的两边各拴上 4 匹马，这样 8 匹马分成两组，向相反的方向拉。马夫用皮鞭猛抽马匹，8 匹高头大马猛力向前，结果铜球纹丝未动。

人群沸腾了，议论纷纷，人们被这饶有趣味的场面吸引住了。盖里格又命令马夫一边增加四匹马，16 匹马猛拉之下，只听到一声巨响，广场上如同起了一个炸雷，两个半球被拉开了，在那一瞬间，外面的空气以极快的速度冲进球内，引起爆裂。

马德堡半球实验使大气压的观念深入人心。它是物理学史上著名的实验，人们为了纪念这次实验，把两个铜球命名为马德堡半球。

现在，铜球被陈列在展览厅，人们看到铜球，耳边似乎回响起盖里格的声音："大气压是普遍存在的。"

30. 安东尼·列文虎克的故事

有谁能够相信这样的事情？

在 17 世纪——这个伟大的思想家、科学家、学者和巨人倍出的时代，最优秀的显微镜的制造者和使用者，生理学、胚胎学、细胞学和微生物学的奠基人竟是一个除了荷兰土话以外连英语也不会的、给人看大门的人。

然而，事实就是如此。

在 17 世纪，这位最伟大的显微镜制造家，这位作出了许多世界第一流发现的显微科学家，却是一个曾经看过大门的人，他就是荷兰的安东尼·列文虎克。

列文虎克 1632 年出生于荷兰德尔夫特郡的一个编篮子的手工工人家庭，从小生活就十分艰苦。小列文虎克 6 岁的时候父亲就去世了，因此他没有上过多少学，只有今天一个小学毕业生的学历。16 岁那年，为了生活，他到一家布店当了学徒，出徒以后，就当了一名布商。可能是因为生意不好，他还担当了许多别的工作。他当过会计、出纳，当过商品鉴定人。后来还担任过荷兰德尔夫特郡郡长的管家，这位管家的职责包括出售酒的量度器皿的检查，税款的征收，市政厅的管理与清扫，一直到看大门，什么都是他的工作。

列文虎克虽然没有受过多少学校的正规教育，但并不是连一点儿书也没读过，更不是没有一点科学头脑，相反，列文虎克不仅非常聪明能干，而且有一个极好的爱好——喜欢磨镜片。

他的这个良好的业余爱好为他在科学史上争得了一席之地。他的许多第一流的科学发现都来源于他的特殊的业余爱好。

列文虎克用自己磨制出来的镜片制成了当时全世界最好的显微镜。由于他是一个心灵手巧，而且聪明异常的人。因此很好地弥补了他受教育较少的缺陷。尽管当时已经有了许多光学仪器，而且已经有了最早的显微镜，但是，其他人使用的显微镜如果同列文虎克的显微镜相比，至多只能算是一个放大镜。

列文虎克使用的显微镜按当时的水平来说已经相当精密了。在他去世以后，人们发现他先后制造了 400 多台显微镜，人们发现他磨制的透镜的放大倍数高达 200 多倍，这在当时简直就是一个奇迹。一直到他死后一个多世纪，人们才勉强达到他当时的水平。

列文虎克一有了空就磨他的镜片，磨好了就用这些镜片制成放大倍数很大的显微镜，然后使用这些显微镜对各种用眼睛看不清楚的小东西进行观察。尽管由于缺乏正规教育，他工作的计划性不怎么强，但是他那惊人的洞察能力却完全弥补了他的不足。

列文虎克在显微科学上的贡献是相当多的。

他对许多种小小的昆虫都放在显微镜下进行了详细的观察，像蚂蚁、蚜虫、小跳蚤甚至水里的轮虫都曾经是他的最有趣的观察对象。

在生理学上，他最先观察到了小鱼、小鸟和青蛙的红血球。他还第一个观察到了接连心脏动脉和静脉的毛细血管，为哈维在《心血运动论》中提出的血液循环理论作出了强有力的证明。

列文虎克常常沉浸在自己的这一种特殊的业余爱好给他带来的乐趣之中。他在一篇写给皇家学会的小短文中曾经表达过这种心情：

"这里所说的观察不是只作了一次，而是重复地进行过多次的……它给了我许多快乐。"

列文虎克本人虽然没有受到过多少正规教育，但是，他却有一些科学界的朋友，他的朋友们认为他的发现是相当有意义的，于是就帮助他整理、校订了他的一些观察记录，并且帮助他在英国皇家学会的会刊上发表了。

列方虎克在显微科学上的贡献是相当重要的。为此，他于 1680 年被选为英国皇家学会的会员。以后，他的许多科学发现都登在了皇家学会的《哲学学报》上。据统计，列文虎克在皇家学会的《哲学学报》上先后发表了 120 多篇小文章，都是他在显微镜下的实验观察记录。他的观察为生理学、胚胎学、细胞学和微生物学奠定了非常重要的基础。

从 1674 年开始，列文虎克在显微科学上作出了许多第一流的发现。

1674 年，列文虎克利用他的显微镜观察到了许多微生物和原生动物。尽管他的观察一开始仅仅是为了满足自己的好奇心，但是他还是作了大量的记录。1677 年，他第一个观察并且记录了他的显微镜下的小兔子、小狗和人的精子。这也是人类第一次对动物和人的精子进行的观察和记录。

1680 年，他第一个描述了他在显微镜下观察到的血细红胞的形状。

1683 年，他把稀释了的牙垢放到了显微镜下第一个看到了微生物。并作了十分详细的记录。

英国女王曾经亲自看过列文虎克显微镜下的那些"小动物们"。

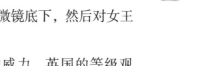

据说当女王提出要看一看他的显微镜下的"小动物"的时候，列文虎克得意地把自己的牙垢弄了一点儿，放到了显微镜底下，然后对女王说："陛下，它们比您统治下的臣民还要多呢。"

在这里我们可以再一次看到科学的巨大的威力。英国的等级观念最强，但是连女王也要去拜访一个看大门的人。这件事说明，科学已经如此地深入人心了。以致连女王在科学面前也放下了她的威严。

列文虎克对成为皇家学会会员这个荣誉是十分珍视的。

但是，由于列文虎克是一个十分喜欢安静的人，因此，他认为名声是一个十分让人讨厌的东西。他怕因为名声带来的大量的来访者，影响他的工作乐趣，耽误他的时间。

由于列文虎克是一个守口如瓶的人，生怕别人也学会他的技术、分享他的乐趣，因此不愿意向别人传授他的那些相当先进的制造显微镜的技术。这一点对科学的发展来说，是相当不幸的。由于列文虎克的保守，科学界整整花了一个多世纪的时间才勉强赶上了这位自学成才的显微镜专家。

列文虎克把自己的全部心血都放到了他的显微镜和显微镜下的小动物身上。也许是因为他在专心致志的科学研究中，得到了最为快乐的享受，使人远离了尘世间的一切烦恼。

这位杰出的业余科学家活了将近一百岁，在他的墓志铭上写着，他一共活了"九十年，十个月又两天。"是科学史上活得时间最长的科学家。

就在列文虎克进行大量显微观察的时期，意大利的显微镜学家马尔比基、英国的罗伯特·胡克以及荷兰的施旺麦丹等人也在显微科学上作了不少工作。不过，他们的观察成果都远不如列文虎克这个在市政厅看大门的人。

列文虎克的工作是 19 世纪生理学、胚胎学、细胞学和微生物学的重要基础。

31. G·W·莱布尼茨的故事

C·W·莱布尼茨是 17 世纪伟大的科学家和哲学家，著名的二进制原理和微积分是他的杰作。

1646 年，莱布尼茨出生在德国莱比锡的一个教授家庭。他自幼才华横溢，智力超群。15 岁进大学，先修哲学，后攻法律。20 岁时向莱比锡大学申请法律博士学位，因年龄太小而遭到大学的拒绝。

1675 年，莱布尼茨开始从事微积分研究。微积分是他和牛顿不约而同、相互独立发明的。只是牛顿的研究稍显在前，而莱布尼茨的分析方法更为灵活方便。

莱布尼茨最为辉煌的业绩莫过于1679年发明的二元算术。二元算术是二进制计算机语言原理，它的问世使电脑产业如日中天，从而使20世纪信息工业迅猛发展，成为压倒一切的产业。

当谈到读书方法时，莱布尼茨认为应广泛结识经典作品，要熟知古希腊、古罗马的思想文化。他认为广泛的阅读古籍不仅增长了知识与阅历，还会对个人的良好成长产生重要的影响。他说：

我们去阅读大量的古代典籍，当拉丁、希腊、希伯莱以及阿拉伯人的古书有一天都研究了以后，还有中国人的……将会给我们的批判的勇气提供材料。其余的，甚至还有波斯人、亚美尼亚人、哥普特人以及婆罗门教的某些古书。莱布尼茨指出，那些附有插图的百科类书籍是值得大家去用心阅读的，据说中国就有这种书籍。

他激动地说：我看不出还有什么比古代留给我们的那些记述更有价值的东西了。

令人称奇的是，莱布尼茨把书中的佳句比作危机状态中的手枪子弹，读书人"比一个没有读书的人更有知识更加能干"。

32. 詹姆斯·哈格里夫斯的故事

提起18世纪中期开始的工业革命，人们知道得较多的是蒸汽机的发明和应用。其实，工业革命开始的标志，除了作为动力机的蒸汽机之外，还有作为工具机或工作机的珍妮纺纱机。恩格斯说过："使英国工人的状况发生根本变化的第一个发明是珍妮纺纱机。"可见，珍妮纺纱机的发明和应用，具有何等重大的意义和影响！这里要介绍的，就是珍妮纺纱机的发明者詹姆斯·哈格里夫斯。

英格兰西北部濒临爱尔兰海的地方，有一个兰开夏郡。这里的纺织业有着悠久的历史，被称为英国纺织工业的摇篮。哈格里夫斯就是兰开夏郡人。哈格里夫斯大约是在 1720 年出生的。他 20 岁以后，就定居在兰开夏郡布拉克本市的近郊，过着木工和织工的贫困生活。

由于哈格里夫斯既是一名织布工人，同时又是一个木匠，因此常常接触一些机械，积累了丰富的生产实践经验。当时，还没有专门设计制造机器的职业工程师，有关安装转动装置和装配机件等工作，都是由木匠、铁匠、锁匠或者钟表匠这些人来担任的。哈格里夫斯因为职业的关系，对机械的安装和修理比较熟悉，所以也经常被人请去帮忙。人们很赞赏他的高超技术，称他为"万能的人"。长期从事机械安装、修理和制造的实践活动，弥补了他没有受过正规学校教育的不足，并为他日后发明新式纺纱机打下了基础。

哈格里夫斯有位邻居，是印花织物制造商。1762 年，这位制造商雇用哈格里夫斯为他制造一台梳理棉花的机器。在此之前，圆柱形梳棉机已经由一个名叫刘易斯·保尔的人发明出来了。哈格里夫斯按照刘易斯·保尔梳棉机的模样，完成了这台机器的制作。这种梳棉机的结构非常简单，由一种装上金属齿的凹形槽和一些圆筒形梳子所组成。不过，在制造这台梳棉机的过程中，哈格里夫斯进一步增长了有关机械学的知识。难怪有位科技史学者说：哈格里夫斯在 1762 年制造梳棉机，"这是他的机械师和发明家的生涯的开始"。

英国的传统工业是毛纺织业。直到 17 世纪末期，棉纺织业才在兰开夏郡首先建立起来。因此，在当时的英国，棉纺织业是一个新兴的工业部门。正因为它是新兴工业部门，所以较少受到封建行会和传统法规的束缚，比较容易采用先进的生产技术。为了同传统工业毛纺织业竞争，同国外输入的棉纺织品竞争，棉纺织业的技术革新就显得格外迫切。需要是一切发明创造的前提。哈格里夫斯发明的新式纺纱机，正是当时棉纺织业技术革新形势需要的产物。

哈格里夫斯发明新式纺纱机之前，纺纱是用旧式手摇纺车进行的。每人操作的手摇纺车，只有一个锭子，每次只能纺出一根纱线。直到18世纪初期，这种手摇纺车虽然效率不高，但是还能勉强满足旧式织布机对棉纱的需求。可是，18世纪初期以后，情况发生了变化。

1733年，机械工匠约翰·凯伊发明了"飞梭"。装上这种飞梭的织布机，不仅能织出更宽的布匹，而且使织布效率提高了一倍。接着，他的儿子罗伯特·凯伊又加以改进，使用起来更为方便。由于织布效率提高，必须有8个至12个纺纱工纺出的纱线，才能够供应一个使用飞梭织布机的织工的需要。棉纱供不应求，出现了极其严重的纱荒情况。据说，1760年，曼彻斯特有个织布工人，每天要步行五六公里，从五六个纺纱工那里收集棉纱，才能供给自己一天内的织布之用。如果一个织工想要多弄到一些棉纱，他就得用上衣或新丝带去贿赂纺纱工。

长时间的棉纱供不应求，使棉纱价格不断上涨，棉布工厂的厂主感到不能忍受。有些棉布工厂因缺纱而停产。为了提高棉纱产量，需要发明新式的纺纱机。1735年，有个名叫约翰·怀亚特的木匠发明了一种转轴纺纱机，并于1738年得到了专利证。可是，由于这架机器很不完善，经常发生事故，因此也就没有得到实际的推广应用。棉纱供应不足的问题仍然没有解决。

在这种情况下，英国政府采取了种种措施。例如：大力兴办纺纱学校，对农村的纺纱生产实行奖励，甚至在监狱和孤儿院中也发动纺纱。1761年，英国的"奖励工艺协会"发表了一项文告，设立奖金来征求新式纺纱机的发明。文告郑重宣布："奖励最优良地发明一种能够同时纺出六根毛线、六根麻纱、六根棉纱或六根丝线的并能仅由一个人操纵和看管的机器。"于是，这样的纺纱机终于发明出来了，这就是哈格里夫斯的珍妮纺纱机。

棉纱供不应求的情况，在兰开夏郡表现得尤为突出。作为一名织布工人，哈格里夫斯常常因为得不到足够的棉纱而苦恼。他看到妻子和女儿从早到晚用手摇纺车纺纱，不仅辛苦劳累，而且效率不高，每天纺出的纱线很少。于是朝思暮想，怎样才能将手摇纺车改进一下，使棉纱出得快一点多一点呢？由于他具有一些机械方面的实际知识，便一面思索琢磨，一面利用木工工具和技术，进行设计和试验，以至达到废寝忘食的程度。

当哈格里夫斯对旧式手摇纺车不断进行观察和研究的时候，有一天，他偶尔看到妻子的手摇纺车翻倒在地。当时，纺车上的纺锭由平卧状态改变成了竖立状态，而纺轮还在继续转动。这个极其平常的现象，却引起了他的注意。他大声喊道："珍妮，快来看呀，你的纺车翻倒啦！""把它扶起来就是了，这有什么值得大惊小怪的。"妻子淡淡地说。然而，哈格里夫斯并没有立即把纺车扶起来，而是面对着翻倒在地的纺车，进行了认真的观察和思考。他想，如果把几个纺锭都竖立地排列起来，由一个轮子来带动，不是就可以提高纺纱的效率了吗？于是，他着手设计并制成了一架新式样的纺纱机器，其中装有8个竖立的纱锭。经过试验，完全成功，棉纱的生产效率一下子就提高了8倍。哈格里夫斯高兴得不得了。由于这台新式纺纱机的研制，是受到手摇纺车翻倒在地的启示，因此他把这项发明归功于他的妻子，用妻子的名字来命名，称为"珍妮纺纱机"。

哈格里夫斯发明珍妮纺纱机的这个故事，流传很广。在流传过程中，故事情节难免有些出入，但是总的说来大同小异。有一种说法，说珍妮是他女儿的名字。哈格里夫斯给新式纺纱机取名"珍妮纺纱机"，是为了纪念他的女儿。关于哈格里夫斯发明珍妮纺纱机的时间，也有两种说法：一说是在1764年，一说是在1765年。究竟珍妮是他妻子的名字还是他女儿的名字，究竟发明的时间是1764年还是 1765 年，对于这种新式纺纱机本身来说，关系并不大，所以也就用不着去考证了。

根据有关史书的记载，珍妮纺纱机的结构比较简单，它用四根支柱和几根横木，组成一个长方形的机架。机架的一端安设并列着的两排纱锭。机架的上面，横着两根彼此紧贴着的木杆。两根木杆安放在一种托架上，可以随意前后滑动。在机架的一侧，安上一个带有摇柄的大轮子。大轮子上绕着皮带，皮带又绕在机架下面安装的一根转轴上。转轴通过传动装置，同两排竖着的纱锭相连。操作的时候，纺工用右手摇动大轮子，左手掌握着托架。随着大轮子的转动，所有的纱锭也就转动起来。这样，经过预先梳理和粗纺的棉花也就得到拉伸和拧绞，同时纱线也就纺出来了。

珍妮纺纱机是一种多轴纺纱机，它显然是从旧式手摇纺车派生出来的。它把许多架手摇纺车上的纱锭集中起来，转移到一架机器上，由一个大轮子来带动，这样就使一个工人能够完成过去几个工人的工作，因而极大地提高了劳动效率。哈格里夫斯最初设计制造的珍妮机，只有 8 个纱锭，每次能纺 8 根纱线。后来经过改进，纱锭不断增加，每次能够纺出 18 根、80 根甚至 100 根纱线了。由于棉纱产量增加，原来纺纱跟不上织布的问题，也就得以解决了。

哈格里夫斯发明的珍妮纺纱机体积不大，可以安放在一小间屋子里，很适合于家庭使用。同时，它只需用手摇动，操作方法简便，又不费力，甚至连十来岁的孩子都能操作。哈格里夫斯并没有想到要用它来发财，只是希望多纺出一些纱线来，供应织布的需要，这样，一家老小的生活也就能够得到保障了。因此，珍妮机发明之初，哈格里夫斯并没有立即把它公开，只是在自己家里试用。在试用过程中，他又对珍妮机的构造作了一些改进，使之日臻完善。

1767 年，也就是在珍妮纺纱机发明两三年以后，哈格里夫斯制造了几架珍妮机，公开出售。这一下可惹出祸来了。本来，自从他在家里试用珍妮机后，生产的棉纱又多又快，就已经引起了别人的注意。现在，他又将珍妮机公开出售，使那些买到珍妮机的人家棉纱产量大增，因而遭到不少人的忌妒和反对。他们认为，珍妮纺纱机应用后，旧式的手摇纺车就遭到了排挤，这样他们就得破产失业。于是，这些人成群结队，拥进哈格里夫斯家中，捣毁了所有的纺纱机器。哈格里夫斯在布拉克本住不下去了，他只得携带家眷，于1768年从兰开夏郡逃往诺丁汉郡，并在那里定居下来。在这里，他同别人合伙开办了一家小工厂，用珍妮纺纱机生产纱线，供应织袜之用。

那时候，诺丁汉也像兰开夏一样，由于棉纱供应不足，存在着严重的纱荒。哈格里夫斯来到这里后，便开始为珍妮纺纱机申请专利。为了得到批准，他对珍妮纺纱机的结构、性能和操作方法作了详细的描述和说明。1770年7月12日，哈格里夫斯获得了正式的专利证书。接着，他便开始大批制造和销售珍妮纺纱机了。

然而，哈格里夫斯在销售珍妮机的过程中，又遇到了麻烦。因为珍妮机结构简单，很容易仿造。于是，一些制造商买去这种新式纺纱机器后，很快就自行仿造出来，并加以推广。可是，他们却不依法付给哈格里夫斯使用报酬。为了保护自己的专利权益，哈格里夫斯不得不同那些制造商的不法行为进行斗争。在对这些人提起诉讼的过程中，他花费了大量钱财。本来，在迁居到诺丁汉后的一段时间内，哈格里夫斯因为制造和销售大批珍妮纺纱机，已经赚到了一大笔钱。可是，为了打官司，很多钱都投到这方面去了。看来，哈格里夫斯这时决心与不法制造商们争个高低，因而不惜钱财。据说，有些制造商曾表示愿意与他和解，并答应付给他3000英镑，可是哈格里夫斯却拒绝接受。由此可以看出，哈格里夫斯为保护自己发明的专利权而花费的钱财，已经远远超过了这个数目。可惜的是，虽然他投入了大量的钱财和精力，结果还是败诉了。因为有人提出证明，说哈格里夫斯在领到专利证书以前，已经出售过珍妮纺纱机，所以他的专利权被宣判失效。这件事，对于哈格里夫斯来说，无疑是一个沉重的打击。

哈格里夫斯初到诺丁汉郡的时候，的确是很穷的。可是，自从1770年取得发明专利后，由于大量制造和销售珍妮机，他的收入就渐渐多起来了。尽管在保护专利的诉讼中受到了损失和挫折，但是他手中的钱财仍然不少。1778年4月22日，哈格里夫斯在诺丁汉去世。有一种说法，说哈格里夫斯后来死于贫困，这是不真实的。实际情况是，当他去世的时候，给他的继承人留下来了一笔钱财，其数目有4000多英镑哩。

哈格里夫斯发明的珍妮纺纱机，由于构造简单，使用方便，价钱也不太贵，很快便在英国各地得到推广使用。据统计，在哈格里夫斯死后10年，即1788年，英国已拥有不少于20000架珍妮纺纱机。特别是在兰开夏郡，珍妮机迅速代替了旧式纺车。有一本名为《新工业制度的起源》的书，在描写梅勒村的情况时说："旧式纺车已被扔到废物堆了。现在人们只使用多轴纺纱机来纺纱。"这里说的多轴纺纱机，就是珍妮纺纱机。除兰开夏郡外，其他一些郡，在1775年至1785年间，珍妮纺纱机也迅速地推广了。

珍妮纺纱机的发明，是棉纺织技术上一个巨大的飞跃。它使棉纱的产量迅速提高，引起纺织业的一系列变化，并且带来了深远的社会影响。因为棉纱生产成本的减少，也就使布匹的价格随之而降低，从而使布匹的需求量增大。于是，原来兼营农业的织工，就逐渐抛弃了农业，成为专门依靠工资生活的无产者。同时，珍妮机的使用排挤旧式纺车后，有些原来从事家庭手工业的纺工，因为买不起珍妮机，也放弃了农业，到拥有珍妮机的人那里去做工，成为雇佣工人。纺工和织工放弃的土地，就为农业资本家所收买，从而建立起资本主义的大农场。这些情况说明，珍妮纺纱机的发明和广泛应用，不仅推动了棉纺织工业的发展，而且还起到了改变社会生产关系的作用。

珍妮纺纱机用人力摇动，纺出的棉纱不够结实。为了克服这个缺点，需要继续进行技术革新。于是，水力纺纱机、"缪尔"纺纱机、水力织布机等新式机器就陆续地发明出来了。一系列工具机的发明，又促使作为动力机的蒸汽机的诞生。一种技术革新推动着另一种技术革新。当我们回顾使世界发生巨大变化的工业革命的时候，可不要忘记在机器生产代替手工劳动的过程中作出了重大贡献的哈格里夫斯啊。

33. 詹姆斯·瓦特的故事

一壶水开了，蒸汽把壶盖冲得噗噗直响。这在常人眼里司空见惯的现象，却引起了一个叫瓦特的英国小男孩的兴趣。他在炉子旁足足呆了几个小时，目不转睛地凝视着翻动不止的壶盖和不断冒出的蒸汽，苦苦思索着其中的奥妙。这一思索不要紧，它诱发了后来世界上一项最伟大的发明，对人类历史产生了划时代的影响。

1736 年，詹姆斯·瓦特出生在英国苏格兰格拉斯哥市附近的一个小镇格里诺克，他的父亲是一个经验丰富的木匠，祖父和叔父都是机械工匠。少年时代的瓦特，由于家境贫苦和体弱多病，没有受到完整的正规教育。他曾经就读于格里诺克的文法学校，数学成绩特别优秀，但没有毕业就退学了。但是，他在父母的教导下，一直坚持自学，很早就对物理和数学产生了兴趣。瓦特从 6 岁开始学习几何学，到 15 岁时就学完了《物理学原理》等书籍。他常常自己动手修理和制作起重机、滑车和一些航海器械。1753 年，瓦特到格拉

172

斯哥市当徒工。由于收入过低不能维持生活，第二年他又到伦敦的一家仪表修理厂当徒工。凭借着自己的勤奋好学，他很快学会了制造那些难度较高的仪器。但是繁重的劳动和艰苦的生活损害了他的健康，一年后，他不得不回家休养。一年的学徒生活使他饱尝辛酸，也使他练就了精湛的手艺，培养了他坚韧的个性。

1756 年，当他的身体稍有好转，瓦特再次踏上了坎坷的道路来到格拉斯哥市。他想当一名修造仪器的工人，但是因为他的手艺没有满师，当时的行会不允许。幸运的是，瓦特的才能引起了格拉斯哥大学教授台克的重视。在他的介绍下，瓦特进入格拉斯哥大学当了教学仪器的工人。这所学校拥有当时较为完善的仪器设备，这使瓦特在修理仪器时认识了先进的技术，开阔了眼界。这时，他对以蒸汽作动力的机械产生了浓厚的兴趣，开始收集有关资料，还为此学会了意大利文和德文。在大学里，他认识了化学家约瑟夫·布莱克和约翰·鲁宾逊等。瓦特从他们那里学到了很多科学理论知识。

瓦特在大学修理仪器期间，学校曾经把一台旧式的纽可门蒸汽机交给他修理。他通过大量实验以及根据格拉斯哥大学教授布莱克提出的潜热、比热理论进行分析，对旧式蒸汽机进行深入研究，找出了旧式机器效率低的主要原因。针对旧式蒸汽机的缺陷，瓦特提出了减少蒸汽消耗，提高热机效率的两项措施。他决心自己制造一台新的蒸汽机，来改进旧机器的不足。

瓦特自筹资金，租了间地下室，买了必要的设备，反复实验，经历了无数次挫折和失败，在工人的帮助下，终于发明了与汽缸分离的冷凝器，解决了制造精密汽缸、活塞的工艺问题，同时采用油润滑活塞、汽缸外附加绝热层等措施，制成单动作蒸汽机。后经继续试验，瓦特又在 1782 年发明了具有连杆、飞轮和离心调速器的双动作蒸汽机，制成了新的可实用的蒸汽机。这种双动作式蒸汽机，把阀门安装成可利用蒸汽的压力来推动活塞，既可向前又可向后，并借助连杆和飞轮把活塞的直线运动变成了圆周运动。为了保持蒸汽机的匀速运转，他把一个离心调速器连接在进气活门上，使其自动调节进气量。这种装置是最早在技术上使用的自动控制器。他设计了一个和汽缸分离的冷凝器，将高温蒸汽从汽缸中导出并冷却，使得主要汽缸能保持一定温度。同时他提高了汽缸的精密度，把活塞和阀门也做得光滑、严密。从而比纽科门蒸汽机大大提高了热效率和可靠性。由于这种蒸汽机把往复的直线运动变成为连续而均匀的圆周运动，因而可以经过传动装置带动一切机器运转，成为能普遍用于工业和交通运输业的"万能动力机"。这种高效率的蒸汽机很快取代了旧式的蒸汽机，被各工业部门迅速采用。从此，动力机、传动机和工作机组成了机器生产系统，成为产业近代化的核心。

到 19 世纪 30 年代，蒸汽机广泛应用到纺织、冶金、采煤、交通等部门去，很快引起了一场技术革命。美国人富尔顿发明了用瓦特蒸汽机作动力的轮船。英国人史蒂芬逊发明了用瓦特蒸汽机作动力的火车。瓦特的蒸汽机成为真正的国际性发明，它有力地促进了欧洲 18 世纪的产业革命，推动世界工业进入了"蒸汽时代"。

1819 年，84 岁的瓦特在家中安然与世长辞了。他生前对人类的科学事业作出了杰出的贡献，各国人民怀念他。1824 年，在他逝世5 周年时，伦敦公众为他在有名的威斯敏斯特大教堂树立了一座纪念碑。瓦特终生刻苦学习，孜孜不倦地致力于科学事业，在前人成就的基础上，发明了蒸汽机，为人类科学技术的发展作出了划时代的贡献。为了纪念瓦特这位伟大的发明家，人们把常用的功率单位定为瓦特，简称瓦。他的芳名将永远刻在人类的历史上。

34. 卡尔·舍勒的故事

最先发现氧气的是瑞典化学家卡尔·舍勒。

卡尔·舍勒1742年生于瑞典的斯特拉尔松（现在这个城市在德国境内）。他的家庭十分富有，他的父亲是这个城市里最有名的大富商，经营着全城最大的一家商店。老舍勒为了培养儿子，先后请了好几位家庭教师教他学习德语、瑞典语和其它各种知识，后来又把他送到一所德国人开办的学校上学。

为了让儿子学到生活上的真本领，老舍勒又把卡尔送到了一家药店当学徒。这在我们中国，是不可想象的。在中国，做父亲的总像老母鸡一样把孩子护在翅膀底下，在"下传子、家天下"的封建尽想的影响下，做父母的把子女们从上学、工作直到入党、提干、当官都包了下来。其实，这正是几千年来地主阶级的封建统治所造成的恶果，同时，也正是由于这一点，才导致了我们的青年科学家至今捧不回诺贝尔奖金。

卡尔·舍勒的学习非常刻苦，不仅学到了许多化学实验方面的重要知识，还读了大量的书，当时流行的有关化学实验方面的书他大部分都读过了，不幸的是当时正是燃素说最流行的时期，他也受到了这个错误学说的影响。六年以后，卡尔·舍勒取得了药剂师的证书，成了一名出色的药剂师。

学徒期满，卡尔·舍勒当上了斯德哥尔摩一位著名药剂师——沙兰伯格的助手。他不仅努力工作，而且利用这里的有利的工作条件，在全国最大的图书馆——科学院图书馆读了大量的科学书籍。卡尔不仅工作努力，学习刻苦，经常在一些科学刊物上撰写论文，而且还作了大量的科学实验。因此，他很快就成了一位在首都小有名气的科学家。

卡尔·舍勒最重要的发现是：在 1774 年的一次实验中发现了氧气。

卡尔·舍勒的实验是这样进行的：他当时是为了制取硝酸，对硝酸钠和浓硫酸进行高温加热，由于温度过高，可以得到一种特殊的能助燃的气体。后来，他又进行了另外两个实验：对硝酸汞、热硝石加热，或对二氧化锰和浓硫酸混合后加热都能得到这种特殊的气体。由于这种气体对燃烧特别有利，于是，卡尔·舍勒给他制出来的新气体起了一个很形象的名字——"火空气"。

舍勒在实验中还发现，这种"火空气"占全部空气的五分之一。并且发现了在燃烧过程中"火空气"会被吸收的现象。

他在密闭的水槽中进行燃烧实验时发现，在燃烧过程中，燃烧的物质吸收了大量的氧，因此水面上升占据了原来"火空气"占据的空间。这就是氧化过程。这时，舍勒实际上已发现了氧气。但是由于受到了燃素说的思想束缚，他发现了氧气却没能对燃烧现象作出正确的解释。

卡尔·舍勒认为正是这种火空气夺取了易燃物中的燃素。

35. 萨迪·卡诺的故事

在科学史上，总有许许多多的遗憾，比如科学怪人卡文迪许，他不发表自己的东西，结果失去了价值。还有很多科学家做出重大的发现或发明，总因为人生或社会的种种因素而导致遗憾产生，有时这不仅仅是遗憾，而是让人痛心异常。

萨迪·卡诺就是这样一个人。

卡诺出身于一个名门望族。他的父亲是法国大革命时的政府官员，担任要职，并且是著名的数学家，担任过陆军部部长的职务。卡诺弟弟也是政治家，而卡诺的侄子后来则是法兰西第三共和国的总统。

卡诺早期的工作并没有引起人们的注目。

1753 年，卡诺出生。*1821* 年以后，卡诺研究蒸汽机，他很想提高热机的效率。

在 *18* 世纪中后期，蒸汽机使人们进入蒸汽时代，各行各业都在使用蒸汽机。但是蒸汽机的效率实在是太低了，如果用实际数字来说，烧 *100* 千克的煤其实只有 *5* 千克有效地被利用。这不仅造成能源的浪费而且也不能很好地提高效率。

据说，卡诺研究蒸汽机是由于一件事情引起的。

1814 年 *12* 月，巴黎举行一场蒸汽机比赛，卡诺也有所耳闻。结果法国产的蒸汽机磨面比英国产的要少，自然就输了。

卡诺很受震动，决心投入到热机的理论研究中去。

就在 *1814* 年，卡诺成为一名军事工程师。卡诺走访了很多工厂，实地考察总结了很多经验。尤其在 *1821* 年后，卡诺集中精力研究热机。

1824 年，卡诺发表了他一生惟一的一篇论文《关于电的动力的研究》。在这部著作中，卡诺构造了"理想热机"，他认为，多数人在研究和改进蒸气机时，对蒸汽机效率的概念理解是错误的。一般人往往只注重讨论蒸汽机的实用性、安全性以及燃料经济性，而没有找到热机效率提高的根本途径。

卡诺经过近三年的研究，认为理论上的理想热机模型是一个高温热源、一个低温热源和理想的循环方式，三者缺一不可。

卡诺认为，热机工作是由于热从高温向低温流动而热量本身不减少的结果。这好比水从高处向低处流动使水车工作，但水却不减少一样。

这个思想其实是从错误的热质说而来的。

卡诺得出的结论是正确的，但他的出发点是错误的。他信奉热质守恒原理，相信热机工作过程中热量并没有损失，这就使他在论证的过程中采用了错误的原则。

而英明的卡诺自己认识到了热质说的错误，从 1830 年起，他就改变了观点。卡诺自己说过这样的话："热不是别的什么东西，而是动力，或者说是改变了形态的运动，它是一种运动。动力是自然界的一个不变之量。严格地说，动力既不能产生，也不能消灭。实际上动力只改变它自己的形式，也就是说，它有时引起一种运动，有时则引起另一种运动，但决不会消灭。"

把卡诺所说的动力换成"能量"，我们说，他已经认识到了能量守恒的原理。进一步，卡诺从极其简单但又十分有效的逻辑推理出发否定了永久运动的理论。

这就是"热力学第二定律"。

然而，卡诺的著作销售情况极其冷清，根本卖不出去。整整 11 年，没有销出去几本，更没有造成什么影响。

至于上面我们引的内容，是他后来抛弃热质说之后提出的能量守恒原理，从而成为发现能量守恒原理的世界第一人，虽然还没有完全科学地丢弃热质说而证明结论，但毕竟功绩不可埋没。

如果说卡诺没有引起世人注意是一个遗憾的话，他的去世则更加令人遗憾。

1832 年，巴黎格外炎热。卡诺积劳成疾，身体十分虚弱。不幸的是，他突然患上了猩红热，紧接着又得了脑膜炎，最后染上了霍乱。

36 岁的卡诺早早地离开了人间。

　　因为卡诺患的是霍乱，所以他接触过的一切物品都将被烧掉。卡诺的大量著作被烧掉，他的弟弟保留了哥哥的部分残卷，我们今天就看到了能量守恒的理论。至于其他，不得而知。

　　直到 1878 年，卡诺的著作才发表，但作为物理理论，已经实际上失去意义了。很多人在卡诺之后都认识到了这一定律。

　　卡诺的热机理论直到 1834 年，才由一位工程师克拉伯龙继续研究，以解析图式清楚地描述了卡诺循环，近似说明了蒸汽机的性能。

　　卡诺的思想中包含了热力学第一定律和第二定律的部分内容。后来德国医生迈尔、英国焦耳等众多不同地区不同身份的科学家从不同角度提出了这一理论，而克劳修斯在卡诺基础上正式提出热力学第二定律。

　　英年早逝的卡诺具有热力学史上的奠基意义。

36. 塞缪尔·莫尔斯的故事

　　塞缪尔·莫尔斯曾经是一位画家，他对绘画很熟悉，已经从事多年并小有名气。

　　莫尔斯已经 41 岁了。

　　莫尔斯对电学和机械一窍不通。

　　但是，莫尔斯改行了。

　　改学了电学与机械。

　　最后，他发明了电报！

　　事情要从 1832 年那个美丽的秋天说起。

　　"萨丽"号游客轮在大西洋海面上乘风破浪，赶赴美国的纽约。人们互相攀谈闲聊。有一位青年人的谈话吸引了很多人。这位青年人是杰克逊。他不知道，由于他的一次很普通的旅行谈话促使了近代一个重大发明的诞生。

莫尔斯虽然听不懂杰克逊的一些术语，但是电的奇妙却深深地打动了他。他放弃了自己的艺术领域，开始研究"电报"。

莫尔斯把自己的工作间变成了研究室。他在大学担任美术教授，以挣得必要的钱，同时向大电学家亨利学习电学知识。

对于一个41岁的人来说，这是多么不易呀！

莫尔斯先了解了前人的发现：

最早的是安培。安培用26根导线连接两处26个相对应的字母，利用发报端控制电流的开关，利用收报端的字母旁的小磁针感应联接字母的导线是否通电，从而确定信息。

后来就是莫尔斯的老师，美国物理学家亨利了。亨利提出接力赛式的传导，在线路的中间加装电源，以增强电流从而远距离传输。

莫尔斯从亨利那里学习技术与电报理论。他很快就制造了自己的电磁铁，发明了"继电器"。

三年时间一晃而逝，莫尔斯的积蓄不多了，但是发明还是没能成功，一个关键的问题没有解决——26个字母符号太复杂。

终于有一天，莫尔斯看到飞溅的电火花想到了这些："电火花是一种信号，没有电火花是另一种信号，时间间隔也是一种信号，有电与没有电，时间间隔的有无，这可以互相组合代表字母与数字，从而传递信息，双方都知道编码规则，就可以互相翻译了。"

电码与电路的对应关系被解决了。莫尔斯发明了只用点和横两种符号的电报系统，人们称为"莫尔斯码"。

莫尔斯的数学进制与编码知识十分薄弱，他能想到这一点，难能可贵。

莫尔斯特意求助一位机械学知识较丰富的青年人，经过一段时间的紧张研制，莫尔斯终于在自己经济最拮据的时期研制成功了电报机。

1837 年 9 月 4 日，莫尔斯的电报机在 500 米范围内工作了，当助手从另一端接收到信号，两人的内容准确无误没有丝毫出入的时候，莫尔斯兴奋极了。

但是国会的议员们认为电报无用。通信即可，为什么要架设专线呢？当时没有发现无线电波，人们认为架设专线发报是费力不讨好的事情。1843 年，在莫尔斯的鼓动和再三提议下，又看到别的国家也在进行电报研究，美国国会终于动心了。

经过两年多的铺设，一条由华盛顿到巴尔的摩的 60 公里实验电报线路成功开通。

1845 年 5 月 24 日，第一次有线电报发出了。美、英先后成立了电报公司。电报事业迅速在欧洲发展。人们远距离迅速通讯的时代到来了。

37. 威廉·汤姆孙的故事

1892 年，英国女王伊丽莎白把"开尔文勋爵"的封号授予一位著名的科学家，以表彰他在科学和技术领域为人类做出的杰出贡献。然而，令人惊奇的是，在崇高的荣誉面前，这位科学家竟然用"失败"二字总结他一生在科学进步方面的奋斗。他是谁呢？他就是成功铺设第一条大西洋海底电缆的英国杰出的科技发明家威廉·汤姆孙。

威廉·汤姆孙于 1824 年 5 月 26 日出生于英国的贝尔法斯特城。

铺设大西洋海底电缆是一项世人瞩目的工程，而且耗资巨大。不料，在建造电缆的第一步就出了差错。负责这项工程的是华特霍

181

斯，他在公司有较好的人事关系，资格又老。当时，汤姆孙只是一个年龄最小的董事，无职无权。1857年，工程一开始，汤姆孙和总工程师就发现了问题。原来，按照设计要求，大西洋海底电缆要由1200段电缆焊接而成，每一段是3.22公里长。华特霍斯一手制订的电缆说明书上的电缆直径比理论要求的要小得多，更糟糕的是，公司筹委会在正式开工之前就把说明书给了承办商，而且已经开始制造，要取消合同已来不及了。汤姆孙为了补救，回到他的实验室，带领学生把当时所有的铜线都进行了测试，发现各种铜线的电阻率相差很大，不同电阻率的铜线焊接在一起，肯定会使总电缆的参数发生偏差。通过实验，汤姆孙解决了多条铜线间电阻率一致化问题，并总结出一套实用的电阻率测定方法，对电缆用铜线的规格提出了新的要求和标准。

汤姆孙的研究成果，遭到华特霍斯和电缆制造商的抵制。汤姆孙在董事会上用大量的实验事实证明自己的理论，赢得了董事会的支持，迫使厂商按新的技术标准签订了合同。

1857年，造好的电缆被装上英、美两国政府拨出的两艘巨轮，开始了第一次的沉放。电气工程师华特霍斯因故不能随船，受董事会委托，汤姆孙代理他随船指挥。当沉放船行至611.16公里时，电缆意外断裂，加上传递的弱信号，一般的电报机难以收到，第一条电缆的第一次沉放失败了。

通过事后分析，汤姆孙发现，只需加强电缆的外层机械强度，就能避免断裂。但是，如何放大弱信号，却成了一个难题。

1858年年初，在一个阳光明媚的日子里，汤姆孙和德国物理学家亥姆霍兹一起到海湾游玩。汤姆孙一想起信号放大问题，就走了神，丢下朋友，一个人躲到船舱下面算了起来。亥姆霍兹就跟他开了个小玩笑。顺手从衣袋中取出眼镜，把太阳光反射到汤姆孙脸上。汤姆孙忽觉一个刺眼的亮点在眼前晃动，抬头看到朋友手中的眼镜，灵机一动，狂喜地大喊起来："有啦！有啦！我的亥姆霍兹。"喊着就跑回了实验室。

原来，镜片的作用启发了汤姆孙，他终于找到了放大信号的方法。他通过反复实验，最后在电报机的线圈中，小心地挂上一面小镜子，镜背面粘一个小磁针，以此来放大弱信号。他经过周密地设计，终于制成了镜式电流计电报机。这种电报机灵敏度要比华特霍斯的电报机高十多倍，从而解决了海底电缆通信的关键性技术问题。这种实用的终端设备，在以后大西洋海底长途电缆通信中被广泛采用。

技术问题解决之后，1858 年开始了第一条电缆的第二次沉放。因资深的华特霍斯拒绝出海，年轻的汤姆孙勇敢地承担起电气工程师的责任，再次随船出海。

1858 年春夏之交，沉放船"亚加墨娜号"由北美的纽芬兰岛出发，由西向东铺设电缆。不料，海上遇到持续一周的大风大浪。甲板被电缆钻出了洞，实验室进了水，给沉放工作带来了很大困难。汤姆孙和大家一起，不顾危险，劈浪前行。经过一个多月海上搏斗，"亚加墨娜号"于 8 月 3 日安全驶至爱尔兰。8 月 5 日下午 3 点 55 分，由汤姆孙拍出的第一份越洋电报，在 5 分钟后由北美洲一端收到。人类第一次征服了大西洋的阻隔，用电缆把两块大陆接在一起。建立奇功的汤姆孙此时激动得发了狂。但一个月后，出乎意料的事情又发生了。电缆在通了 723 次电报之后，由于海水腐蚀而断裂，甚至漏电，两岸电报往来被迫中断。

大西洋海底电缆两次沉放都遭失败，耗费数十万英镑而不见效益。许多人都想打退堂鼓，而汤姆孙却坚持认为，第一条电缆虽寿命不长，至少通了一个月，但它证明长途海底通信是完全可能的。在汤姆孙和总经理的坚持下，在政府的大力支持下，1865 年年初，第二条新电缆制造出来并进行沉放。这时的汤姆孙，因滑冰骨折已成了跛子。可是，他克服一切不便，一定要亲自出海，领导这次沉放。一艘22000多吨的巨轮"大东号"载着人们的希望出发了。经受两次打击的汤姆孙多么盼望这次能够成功啊。可是船行不到一半，电缆意外折断，沉入深渊，汤姆孙痛心极了。返回时，这位工程师脸上挂着泪花。面对异常平静的大海，他在心中呐喊："我相信大西洋阻挡不住人类的进步！"

是的，大西洋阻挡不住人类前进的脚步。1866年，第三条电缆建成。当年4月，"大东号"再次启程。汤姆孙第四次上船，担任工程师，主持沉放。6月，电缆在爱尔兰着陆，沉放非常成功，电报通信也非常顺利。汤姆孙为巨大的成功所鼓舞，几个月后再次出航，经过一个多月搜索，打捞到沉入海底的断缆，并接上新缆，一直通到了纽芬兰。经过10年艰苦卓绝的工作，大西洋底拥有了两条电缆。这次成功，开创了人类有线通信的新时代。它不仅证实了远距离海底电缆通信的可行性，而且为这一事业的发展奠定了理论基础，提供了丰富的实践经验。一百多年后的今天，地球上各大陆板块之间，大陆和主要岛屿之间，都铺设了海底电缆。

铺设大西洋海底电缆的工程，为人类通信事业做出了巨大贡献，也对汤姆孙的科学活动产生了很大影响。它把汤姆孙从理论科学引向了工程技术科学。人们说，汤姆孙做了50多年教授，其实是以教授的名义当了50多年的工程师。在应用工程上，到处都留有他的足迹。几次沉放电缆的海上航行，更使他的后半生紧紧地与大海联结在一起。电缆铺设成功之后，他继续为海底通信研究新装置，包括海底电报自动记录器和圈转电流计等。

汤姆孙一生取得过70种产品的发明专利，这些专利权使他成了富翁。他把这些钱大量地用在新的研究方面。1870年，他娇弱的妻子在与他共同生活18年后因病离开了人世。强忍悲痛的汤姆孙，买了艘100多吨的游艇，把全部精力都投入到航海研究之中。他把游艇当做试验船，经过反复研究，发明了几种不受铁壳船体干扰的轻便改良罗盘。此外，他还发明了海水测深仪，研究过潮汐理论。

汤姆孙这位近代物理学的奠基人之一，大西洋第一条海底电缆的创建者，一生发表论文 600 多篇。1851 年被选为皇家学会会员，两次获皇家学会勋章。从 1892 年起，任皇家学会会长，一直到他去世。他建立了英国第一座现代物理实验室。至今格拉斯哥大学还设有"开尔文奖"，用来奖励世界范围内在数学、天文学、物理学等方面有突出成绩的学生。

1896 年，来自世界各地的科学家云集格拉斯哥大学，隆重纪念汤姆孙荣任该校教授 50 周年。大家一致用真诚的语言赞美他的功绩。确实，要想逐一列举汤姆孙在科学领域的成就和获得的社会荣誉是很难的。但在纪念仪式上，这位 72 岁的勋爵在答词中却说："有两个字最能代表我 50 年内在科学进步上的奋斗，就是'失败'两字。50 年以前，我最初任教职的时候，对于电力和磁力或电气、质量、化学亲和力间的关系等，知道得并不十分多。失败当然会产生忧虑的，可是对于从事科学的人，天赋的才能常会带来一种特别的兴致，借此使他不致十分失望，也许反会使他的日常生活格外快乐。"

三年后，汤姆孙辞去了格拉斯哥大学的教授职务。1899 年新学年开始时，注册室走进来一位 76 岁的老人，郑重其事地在报名表上填写下："开尔文勋爵，研究生。"他不再走上讲台去教课，从现在起，他只是学了。

1907 年 10 月 17 日，汤姆孙与世长辞，享年 83 岁。他被葬于威斯敏斯特大教堂，受到人们永久的尊敬和纪念。

38. 阿尔弗莱德·诺贝尔的故事

1867 年一种黄色的炸药进入市场，它作为一种猛烈力量的象征，对人类和整个世界产生了重要影响。1901 年，诺贝尔奖金首次颁发以来，该项奖金和获得者已经引起了整个文明世界的兴趣。

黄色炸药的发明者及这种奖金的创始人、瑞典人阿尔弗莱德·诺贝尔愈来愈为人们所重视和仰慕。

阿尔弗莱德·诺贝尔于 1833 年 10 月 21 日降生在瑞典的斯德哥尔摩。

体弱多病的阿尔弗莱德到了上学的年龄，父母让他和两个哥哥一起进入了斯德哥尔摩一流学校——雅克布斯小学。当时他是年级中最优秀的学生。然而，他短暂的学校生活很快由于家庭的外迁而终止了。

1842 年 10 月，阿尔弗莱德·诺贝尔和他的母亲哥哥一起到了俄国。

阿尔弗莱德在语言和化学方面显出非凡的才能。在俄语方面的进步很快。除此之外，他还非常爱好文学，甚至自己写诗。

1850 年，当阿尔弗莱德 17 岁的时候，这位年轻人被送出去进行首次学习旅行。这次旅行长达两年，除到了他的祖国瑞典外，还去过德国、意大利和北美，在旅行中阿尔弗莱德参观种种实验室，拜访大学的研究所，尽量多了解发达国家的科学成果。

两年的旅行结束了，阿尔弗莱德回到了瑞典，开始了自己的事业。

由于父亲的影响，诺贝尔从小就对研制炸药产生了浓厚的兴趣。

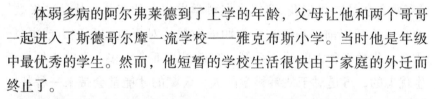

后来，在帮助父亲研究鱼雷和炸药时，又积累了不少实际知识和经验。诺贝尔在欧美各国游历期间，看到了开矿和筑路时工人们的繁重劳动。他想，如果能利用爆破的威力，定能减轻体力劳动，并且提高工效。于是，他决心从事炸药的研究和制造。

诺贝尔最初见到硝化甘油是在彼得堡的时候。有位名叫西宁的教授，曾在诺贝尔面前进行过实验。他把硝化甘油滴在铁砧上，然后用铁捶捶击，受到捶击的部分立即发生爆炸。这次实验给诺贝尔留下了深刻的印象。从此，他便对硝化甘油产生了浓厚的兴趣。经过长期思考和反复实验，他认识到，要使硝化甘油发生爆炸，除了重力捶击或剧烈震动外，就是把它加热到较高的温度。这个温度，实际上也就是硝化甘油的爆炸点。于是，诺贝尔确定了一个研究课题，试图寻求一种引爆硝化甘油的装置。这种引爆装置既不减弱硝化甘油的爆炸力，同时又要尽可能保证安全。只有这样，才能把硝化甘油制造成一种可供实用的炸药。

为了解决硝化甘油的安全引爆问题，诺贝尔在彼得堡进行了多次试验。1862 年夏天，他成功地进行了一次水下爆炸试验。他先把硝化甘油装入玻璃管内，封闭起来，再把这只玻璃管放进装满火药的锡管里，最后装上导火索。诺贝尔同他的两个哥哥一起来到河边。当他点燃导火索并将装有玻璃管的锡管投入水中后，立即发生了爆炸。这次爆炸的威力超过了一般的火药。诺贝尔高兴极了。通过这次实验，他发现可以利用火药引爆硝化甘油。但是，火药的用量远远大于硝化甘油的用量，这样大量的引爆物没有实际使用的价值。为了使引爆物的用量小于硝化甘油的用量，他以顽强的毅力继续进行研究和试验。

诺贝尔在找到了办法后，又进行了新的试验。诺贝尔发明的少量火药引爆硝化甘油的方法，获得了专利证书。

当诺贝尔在彼得堡研究炸药的时候，已经回到了瑞典的父亲也

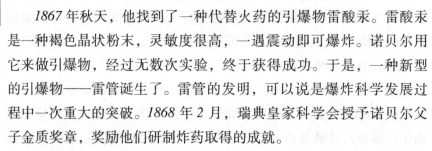

在从事炸药的研究。

但诺贝尔发现用火药做引爆物还不很理想，便继续研究，希望用一种新的引爆物来代替它。然而就在这期间，发生了一次重大事故。1864年9月3日，在斯德哥尔摩诺贝尔家住宅附近的实验室里，硝化甘油发生爆炸，损失惨重。除了实验室被炸成一片废墟之外，诺贝尔的5名助手被当场炸死，其中有一位是他的小弟弟奥斯加。诺贝尔本人当时不在实验室，才得以幸免。这次事故对诺贝尔打击很大。由于爆炸力特别猛烈，周围的居民以为发生了大地震。事后，当他们得知是诺贝尔的实验室发生爆炸时，认为诺贝尔是一个"科学疯子"，并向政府提出要求，禁止诺贝尔在市内进行炸药实验。

可是，诺贝尔在悲痛中并没有动摇研制炸药的决心。

1867年秋天，他找到了一种代替火药的引爆物雷酸汞。雷酸汞是一种褐色晶状粉末，灵敏度很高，一遇震动即可爆炸。诺贝尔用它来做引爆物，经过无数次实验，终于获得成功。于是，一种新型的引爆物——雷管诞生了。雷管的发明，可以说是爆炸科学发展过程中一次重大的突破。1868年2月，瑞典皇家科学会授予诺贝尔父子金质奖章，奖励他们研制炸药取得的成就。

自从诺贝尔发明用火药作为引爆物的方法之后，硝化甘油炸药就开始得到实际应用了。诺贝尔在德国汉堡建立的公司，顿时成了销售炸药的中心。

但是，硝化甘油炸药遇到强烈震动后就会发生爆炸；在使用过程中，重大事故不断发生。

为了解决炸药的安全使用问题，诺贝尔又进行了深入研究和反复实验。经过研究，他决定用一种固体物质来吸收硝化甘油，以提高它的化学稳定性。于是，一种新型炸药便诞生了。

诺贝尔在选择吸收硝化甘油的固体物质时，曾经试用过各种各样的东西，例如木炭粉、木屑、水泥、砖灰等。但是，经过爆炸试验，这些东西都不理想。最后，他找到了硅藻土。硅藻土不仅化学性质稳定，而且有较大的吸收力，用来作炸药配粉非常合适。诺贝尔把硝化甘油和硅藻土按 3：1 的比例混合在一起，制成了一种新炸药。名为"硅藻土猛烈安全炸药"，或称"猛烈药"。这也就是人们所熟悉的黄色安全炸药。

到 1873 年，诺贝尔在欧洲 13 个国家一共开办了 15 个生产安全炸药的工厂。这时，40 岁的诺贝尔已经成为名扬四海的"炸药大王"了。

诺贝尔并没有就此止步。他发现，硅藻土猛烈炸药虽然解决了安全问题，但是仍然存在着缺点，就是它的爆炸力不如硝化甘油炸药。1873 年诺贝尔在巴黎创办了一座设备齐全的实验室，继续从事炸药新品种的研制工作。

1875 年的一天，诺贝尔在实验中把手指割破了，便用胶棉包扎伤口。胶棉又称火棉，是用一种硝化纤维制成的，含氮量低，可溶于乙醚或酒精，成为胶状物。突然，他想到，可以把胶棉与硝化甘油混合起来，制成新型炸药；于是胶质炸药问世了。胶质炸药不仅比硝化甘油炸药具有更大的爆炸力，而且具有更安全、不溶于水、容易加工成各种形状等特点。胶质炸药发明后，不久便在许多国家的爆破工程中得到广泛的应用。

接着，诺贝尔又开始研制无烟火药。研制工作直到 1887 年才最终完成。这种火药呈颗粒状，是将赛璐珞的配方加以改变，用硝化甘油代替其中的樟脑而制成的。它的燃烧速度极快，爆炸时不冒烟雾，而且没有残渣，因此常用于制造炮弹。

1890 年，诺贝尔在一封信中就曾说过："我希望我能够制造一种东西或是机器，具有极端可怕的破坏力，使一切战争因此而完全不可能发生。"

诺贝尔的主要科学活动是从事炸药研制，但是除此之外，他还有着非常广泛的研究兴趣。他的多项研究工作是交替进行的，因此取得了多方面的科学成就。

诺贝尔对化学研究情有独钟，这当然与研制炸药的兴趣有关。他在化学方面的研究涉及高分子化学、电化学等领域。特别对于电化学，诺贝尔投入了更多的精力，一直坚持到晚年。*1895* 年他曾资助别人建立食盐电解厂，从事苛性钠和氯气的生产。

诺贝尔非常重视应用化学。他认为，科学成果只有满足人们生产和生活的实际需要，才是有意义的。正是从这一点出发，他研究和发明了许多实用技术和产品。例如：他开展过用硝化纤维制造人造丝、人造橡胶和人造油漆的研究。

诺贝尔的发明创造很多。据不完全统计，他一生中因发明创造而获得的专利多达 *255* 项。其中，有关炸药的专利有 *129* 项。在非炸药的发明专利中，有气体测量器、硫酸浓缩器、防爆锅炉、弹壳无声退出法、改良电池、改良电话、改良发动机、人造丝喷丝头等等。

诺贝尔是瑞典皇家科学会、伦敦皇家学会和巴黎土木工程师学会的会员。他曾获得瑞典国王倡议颁发的科学勋章和法国的大勋章。

诺贝尔不仅致力于科学技术方面的发明创造，而且还爱好文学，写过不少诗歌、小说和剧本。

诺贝尔一生非常谦虚，并对自己的成就保持着最大的沉默。他曾说过："我不知道我是否应得到名望，我不喜欢那样的谀词。"

诺贝尔拥有一笔巨大的财产，可是他对金钱却毫不在意。诺贝尔在去世前一年即 *1895* 年 *11* 月 *27* 日写的遗书中表示，将他的财产部分赠与亲友，其余大部分作为基金。这些基金的利息，"将每年以奖金形式颁发给在过去一年中对人类做出最大贡献的人"。他还具体地安排了奖金的分配办法，把奖金分为五份："一份奖给在物理学领域中作出最重要发现或发明的人；一份奖给在化学领域中完成最重要的发现或改进的人；一份奖给在生理学和医学领域完成最重要发现的人；一份奖给在文学领域产生带有理想主义倾向的最佳杰作的人；一份奖给曾为各民族间的友谊，为废除和裁减常备军，以及维护和促进和平事业作出了最大和最好贡献的人。"从遗书的内容来看，他是经过深思熟虑的；其中所包含的五个方面，也就是他一生中曾经涉足的领域以及为之奋斗的事业。也可以说，诺贝尔晚年作出的这一决定，是他内心深处长期蕴藏的愿望。

1896 年，诺贝尔的病情恶化了。12 月 10 日清晨，诺贝尔的心脏病突然发作，在意大利的圣雷莫与世长辞，享年 63 岁。

从 1901 年开始，诺贝尔基金会每年颁发一次"诺贝尔奖金"。为了纪念诺贝尔，颁发奖金定在他去世的日子即 12 月 10 日进行。受奖人不分国籍，奖金可以发给一个人，也可以由两三个人分得。后来，除以上五种奖外，从 1968 年起，又增设了经济学奖金，由瑞典皇家科学院评定。诺贝尔奖奖金的数额，也随着诺贝尔基金规模的扩大而进行了适当调整。

举世闻名的诺贝尔奖，作为科学界最高荣誉的象征，一直激励着人们勇攀科学高峰。诺贝尔奖的设立和颁发，既体现了这位著名发明家对科学、艺术与和平事业的关心和热爱，同时也表达了人们对他的深深怀念。诺贝尔的名字将永远留在人们的心中。

39. 乔治·威斯汀豪斯的故事

乔治·威斯汀豪斯，美国大发明家，一生有多项发明，在美国发明史上的地位仅次于爱迪生。

1846 年 10 月 6 日，威斯汀豪斯出生于美国纽约州布里奇农村的一个小工匠家庭。父亲是一个农具制造商，威斯汀豪斯受家庭的影响，从小就接触有关器具，并渐渐对它们产生了兴趣。他经常对一些机械器具进行研究，并逐渐产生了对其中一些机械进行改进的念头。而且他发现自己似乎有这方面的天赋，这极大地增强了他的自信。

1861 年，美国南北战争全面爆发。年仅 15 岁的威斯汀豪斯也参加了这场战争，在海军中服役。服役期满后，他脱下军装，进入大学学习。大学毕业以后，他进入了铁路系统，从事铁路机械方面的研制工作。在这样的部门中工作，他如鱼得水，深得领导赏识。

有一天，威斯汀豪斯在列车上工作，窗外优美的风景深深地吸引了他，使他不时地忙里偷闲来观看窗外的风景。突然，他发现在火车前不远的道口处停着一辆载人马车。他一下子跳了起来，大喊着让马车夫把马车赶走，要司机赶快停车。马车夫望着急驰而来的火车，吓呆了，怔在原地一动不动。火车司机倒是立即拉响了汽笛，命令制动员们紧急制动。制动员们虽然竭尽全力搬下了闸门，但火车的速度似乎并没有降低多少，随着"轰"的一声巨响，惨祸发生了。威斯汀豪斯痛苦地闭上了自己的双眼。

下班之后，威斯汀豪斯找到了有关人员，谈及今天的车祸。车祸的悲惨场面深深刺痛了威斯汀豪斯的心，他想知道为什么命令效果这么不明显。有关负责人告诉他，问题主要出在制动系统上。人们在设计火车的制动系统时，为它的每一节车厢都安装了一个单独的机械制动器。在需要停车时，司机用汽笛发出信号，每一节车厢的制动员必须依靠人力搬动机械闸进行制动。由于是人工操作，各人对信号反应快慢不一，加上体力也不同，搬闸步骤很难一致，在火车的巨大惯性下效果自然不明显。得知事情的根本原因以后，威斯汀豪斯决心对这方面进行研究，通过自己的努力解决火车制动这一难题，从而减少惨剧的发生。

经过思考和研究，威斯汀豪斯认为，基本的制动器以车厢为单位，每个车厢的制动员听到汽笛声后独立操作，难免反应速度不一，而且由于人的体力有限，这就造成了刹车不力。因此，要发明一种新型制动器，就必须抛弃这种分离的制动方式，而采用连动方式，让火车司机一个人独立操作。这样，遇到紧急情况，司机就能迅速作出反应。

而要采用连动方式，就必须有强大的动力，威斯汀豪斯首先想到了蒸汽。他想，既然蒸汽可以带动火车奔跑，它当然也应该能够带动车闸的移动。于是他按照这一设想进行研制，不久就设计出一台蒸气制动器。这台蒸汽制动器的按钮设在司机座位旁边，一旦出现紧急情况，需要刹车，司机按动按钮，蒸汽进入与多节车厢相连的管道，把闸瓦压向车轴，车轴被闸瓦抱紧，不能转动，列车也就停了下来。

威斯汀豪斯将这一制动器在一列火车上进行了试验，结果却大大出乎他的意料：制动器完全没有制动效果。这是为什么呢？威斯汀豪斯疑惑了，因为这一方法在理论上是可行的呀！后来他才明白，蒸汽遇冷就要凝结，当蒸汽通过长长的管道到达各节车厢时，大部分都已凝结成了水，当然也就不可能推动闸瓦的移动了。

找到问题的症结后，威斯汀豪斯十分高兴，但怎样才能使蒸汽不凝结呢？这时他还是未能逃脱蒸汽制动的圈子，一种又一种的解决方法都以失败而告终。他陷入了困境之中。有一天，他从朋友那里拿来一份报纸，一则看起来十分不起眼的消息吸引了他。消息上说，法国在开凿蒙塞尼山的隧道时，所用的凿岩机是用压缩空气带动的。看了这则消息，他茅塞顿开。对呀，为什么不用压缩空气呢？既然压缩空气能够带动凿岩机工作，它就应该也能够带动火车制动器工作，而且压缩空气不存在冷凝问题。威斯汀豪斯为自己这个天才的设想而高兴，禁锢已久的心田似乎找到了开启的钥匙。

有了天才的设想，威斯汀豪斯立刻就想把它变为现实。经过反复的实验和不断的改进，一台空气制动器终于制成了。实验表明，这种空气制动器是完全可行的，而且效果非常好。

1869年，年仅23岁的威斯汀豪斯获得了空气制动器的专利权。此后，他又不断进行改进，使其性能更加完善。直到今天，他的这项发明还在成千上万的机车上使用呢！

威斯汀豪斯的另外一大功绩是进行了交流电输电实验的研究。在他的努力下，交流电系统代替了直流电系统，从而使电能够输送到更远的地方。

1914年3月12日，威斯汀豪斯在纽约去世，享年68岁。人们对于他的伟大功绩永远不会忘记，直至今日，美国伟人纪念馆内还高悬着他的画像呢！

40. 亚历山大·贝尔的故事

亚历山大·贝尔，电话的发明者，为世界电信事业的发展做出了巨大的贡献。

1847年3月3日，贝尔出生于苏格兰的爱丁堡。父亲和祖父都是著名的语音学家，他们在聋哑人中间工作过很多年，对人体发声器官的构造、功能和人们的听觉特点都有很深入的研究。贝尔的父亲还创造出一套借助手势、口型来表达思想感情的"哑语"，给聋哑人带来了很大的方便。父亲也因此在语音学界很有名气。贝尔从小生活在这样的家庭环境里，自然对语音学方面的知识不会陌生。父亲希望他能够继承父业。长大后，贝尔进入爱丁堡大学攻读语音学。1867年大学毕业以后，贝尔又进入伦敦大学深造，继续攻读语音学。

毕业以后，贝尔接受英国波士顿大学的聘请，来到大西洋彼岸，成了一名语音学教授。父亲这时已经是一位有很高知名度的语音问题专家。父子两人后来在波士顿开办了一所聋哑学校，一边帮助聋哑人克服不能说话的困难，一边研究、试验助听器。他们最大的愿望就是帮助聋哑人过上正常人的生活。

贝尔在自己家中成立了一个小型实验室，研究语音方面的问题。他想发明一种聋哑人用的"可视语言"。他的初步设想是在纸上复制出语音声波的振动，从而让聋哑人从波形曲线看出"话"来。试验最后没有成功。但他在试验中却发现了一个有趣的现象：在电流接通和截止的时候，螺旋线圈有噪声发出，就好像发送莫尔斯电码的"滴答"声一样。

这是怎么回事呢？虽然这是一个很小的细节，但贝尔没有放过它，他想弄清这到底是怎么回事。他又重复试验了许多次，结果都一样。一个大胆的设想在贝尔的脑海中出现了：如果能够使电流强度的变化模拟出声波的变化，那么不就可以用电流传送语音了吗？

这是一个大胆的天才设想。当贝尔把自己的想法告诉自己身边几个懂电学知识的朋友时，他们用的差不多是同一个词：异想天开。贝尔没有泄气，他决定去找电学专家请教，以求证这种想法的可行性。他来到了华盛顿，向大物理学家约瑟夫·亨利请教。

亨利是美国电学界一位很杰出的人物，晚年曾担任美国史密森学会首任会长，还曾经与法拉第相互独立地发现了电磁感应现象。贝尔去拜望他时，他已经是73岁的高龄了。

听了贝尔的叙述后，亨利微微点了点头，沉思了一会儿，然后问："那么你现在准备怎么办呢？"

贝尔略显紧张地答道："我现在也拿不定主意，我不知道这个设想是否真的可行。也许我可以把自己的设想发表，让别的科学家去完成。先生，你说我该怎么办呢？"贝尔的本意就是来听取亨利的意见的，自然不放过这个向亨利当面求教的机会。

片刻之后，亨利回答说："贝尔，你有这样一个伟大的设想，为什么要放过它呢？自己干吧！你一定能实现它。"

"可是，先生，我不懂电学，在制作方面会存在许多困难。"贝尔迟疑地回答道。

"掌握它！"这位大科学家不假思索地吐出了两个词，语气斩钉截铁，不容置疑。

这句话对贝尔影响很大。许多年后，贝尔在谈起自己的成功时说："如果没有亨利的这两个单词，和他那种坚决而不容置疑的语气，我肯定是发明不了电话的。"

贝尔回到波士顿以后，果真专心致志地学起电学来。此后，不管是三九严寒，还是盛夏酷暑，贝尔的手中经常不离电学方面的书籍。由于悟性很好，加之以前搞聋哑实验接触过电磁器械，不久，贝尔在电学方面掌握的知识有了质的飞跃。语音学知识和电学知识是发明电话不可缺少的两大法宝，贝尔在语音学方面可以说是专家了，现在又掌握了电学知识，更是如虎添翼，两大法宝都不缺了。

1873 年，贝尔辞去了波士顿语音学教授的职务，全身心地投入了电话研究。他找到了一位 18 岁的名叫沃特森的助手。这位年轻的电气技师对电学有一定的了解，更重要的是，他全力支持贝尔的实验，深信试验会取得成功。当时贝尔也年仅 26 岁，两个小伙子迈开了向神秘的科学领域进军的步伐。

贝尔和沃特森住的是波士顿近郊一间灰尘满地、拥挤闷热的小屋，实验室就是他们的卧房。他们长期足不出户，过的是枯燥乏味的生活。他们不知经历了多少不眠之夜，多少次躺在床上有了一点灵感后又突然从床上爬起来继续研究。两年过去了，他俩面对的却依然是失败。但老科学家亨利亲切而又坚决有力的话语始终萦绕在贝尔心头，使他从不言放弃。

古人云：贵在坚持！有一天，贝尔在实验室里，沃特森在隔着几个房间的另外一间屋子里。两间屋子相互听不到对方说话的声音。沃特森把受话器紧紧贴在耳边，贝尔在实验里进行调试。突然，沃特森的耳边传来了一个清晰的喊声："沃特森先生快来呀！我需要你！"原来，贝尔操作机器的时候不小心把硫酸溅到了腿上，由于疼痛，他情不自禁地对着话筒大喊起来。这是人类通过电话机传送的第一句话！沃特森欣喜万分，急忙大喊起来："贝尔，我听到了！我听到了！"

两个人不约而同地冲出房门，紧紧拥抱在一起。历史掀开了新的一页！

此后，贝尔又致力于电话的改进和推广工作。

在 21 世纪的今天，电话已经进入了千家万户。请千万不要忘记为人类的发展作出过巨大贡献的贝尔。